치유를 위한 공동체적 기도

이강천 지음

큐란출판사

교회(특히 개척교회)의 부흥을 꿈꾸며

- 선배님, 요즘 선배님께서 개척교회 목사들을 돕는 운동을 하신다면서요?
- 글쎄? 뭐 운동이라고 할 것까지는 없고 하나님께서 개척교회 목사들을 불쌍히 여기는 마음을 주셨어. 저들을 위해 눈물을 주시니 어떻게 하면 저들을 격려하고 무엇이 실질적으로 힘이 될까 고민하고 조금이라도 도움이 되기를 힘써 보는 것이지.
- 개척교회 목사들에게 관심을 갖게 된 계기가 있나요?
- 안산에서 목회하는 윤○○ 목사가 있는데 바나바훈련을 받은지라 잘 알고 지내다가 지난해에는 카자흐스탄 선교사 수련회에 함께 가서 섬기고 오면서 더 가까워졌어. 그가 지도하고 있는 목사 그룹이 있더라고. 그런데 그 그룹에 있는 목사들이 대부분 개척교회 목사들이야. 어쨌든 윤 목사를 통하여 그 모임에 가서

"설교 영성"을 주제로 하루 세미나를 해 주었지.
- 거기 모인 분들이 대부분 개척교회 목사라서 개척교회 목사들의 형편을 보기 시작하셨나 보네요?
- 그런 셈이지. 개척교회 목사들의 형편을 조금 보기 시작한 것이지. 교인 10여 명 안팎으로 생활이 안 되어 장사하는 이야기 등을 들으면서 마음에 충격과 도전을 느끼게 된 것이야. 그들의 실상을 조금 알게 될 때 정말 눈물이 나. 교회는 개척했는데 성도는 늘어나지를 않지, 재정적인 압박은 오지. 할 수 없이 장사나 아르바이트를 하며 근근이 버티고 있어. 목사로서의 자부심은 많이 상실되고 자존감은 땅에 떨어지고 말이야.
- 요즘 개척교회가 버티지도 못해 문 닫는 비율이 상당하다고 하더라고요?
- 여하튼 과제는 과제야.
- 그래 선배님은 이 과제를 어떻게 풀게 되셨나요?
- 이보게, 김 목사, 교회 부흥에 있어서 가장 중요한 게 무엇이라고 생각하나? 그 중요한 것을 제대로 할 수 있게 도와주면 좀 힘을 얻지 않겠나?
- 글쎄요? 아무래도 설교가 아닐까요? 그런데 규모가 있는 교회는

설교를 잘하게 되면 교회 부흥을 기대할 수 있을 텐데 개척교회는 설교 들을 사람도 거의 없으니 한심한 일이겠지요?

- 이보게. 설교가 살면 교회가 살고 설교가 능력 있으면 교회가 부흥한다면 그것은 설교 듣는 자가 10명이든 1,000명이든 숫자를 논할 게 아니고 설교가 성실하여 살아 있는 진정한 하나님 말씀의 대언되어야 하지 않겠나?
- 그건 그런데요, 그래도 듣는 자가 많아야 힘이 나서 설교도 하지요.
- 김 목사 이야기도 이해가 되기는 하는데 그래도 설교의 중요성은 동일하다는 것을 분명히 하는 진지함이 중요하다네. 그래서 설교 영성을 다루며 강의하고 나누었는데 뜻밖에 반응이 좋았어. 늘어졌던 목사들이 많은 힘을 얻었다는 피드백이야. 기도도 진지해지고 설교 준비가 진지해지고 성령님과 교통이 긴밀해지고, 설교자 자신들이 살아나는 경험이라고 하며 몇 안 되는 성도들도 힘을 얻는 것 같다는 거야.
- 설교에 힘이 실리면 설교자가 하나님 말씀을 대언하고 있다는 자부심도 살아날 것 같네요?
- 그렇지? 그래서 설교 영성은 설교자를 살리고 교회를 살리고 성

도들을 살리는 중요한 영성이야.
- 설교 영성이 어떤 것인지 자세히 설명해 주실 수 있나요?
- 이번 우리의 주제가 치유사역이니 설교 영성 이야기는 다른 계제에 나누기로 하고 넘어 가세.
- 설교는 그렇다 치고 선배님이 개척교회 목사를 돕는다고 할 때 왜 치유사역을 생각하게 되었나요?
- 개척교회 목사들을 만나기 전에도 목회자나 선교사들에게 치유사역을 하라고 가르치고 권면하곤 했었지. 이봐, 김 목사. 교회가 부흥하려면 설교가 먼저 살아나야 한다는 면에서 전적으로 목사에게 달려 있지만 전체 성도들을 포함하여 교회 부흥에 또 중요한 요소는 무엇이라고 생각하나?
- 기도가 살아야 하지 않나요? 이전 한국교회는 뜨겁게 기도하면서 부흥했다는 것이 세계교회에도 알려진 바였는데, 이제는 한국교회도 기도를 상실하고 쇠퇴하고 있다고 분석들을 하지요?
- 김 목사가 핵심적인 요소들을 잘 찍어내는데, 대단해.
- 별 말씀을요? 다 들은 풍월이지요 뭐. 그런데 문제는 여간해서 한국교회에서 기도가 살아나지 않는다는 것이지요.
- 맞아, 기도가 살아나면 교회가 부흥하겠는데 기도가 살아나지

않는다는 것이 또 과제야. 내가 작년 가을 대전에 어느 교회를 방문했는데, 그 교회 1년 표어가 "기도야 살아나라"더라고.

- 그 교회는 1년 동안 그 표어를 걸고 기도가 살아나게 하려고 몸부림을 친 것 같군요. 그래 얼마나 기도가 살아났다던가요?
- 나도 궁금해서 담임 목사에게 물었지. 안 살아난대. 아무리 기도해야 한다고 해도 기도가 살아나지 않는다는 것이야.
- 궁핍하던 시절에는 하나님께로부터 와야지만 살 수 있으니 부르짖고 기도했는데, 지금 너무 잘살게 되어서 기도하지 않아도 되다 보니 기도를 점점 상실하게 된 것이 아닐까요?
- 글쎄 말이야. 다시 기도의 불을 일으킬 수 없을까? 이 과제가 또 한 큰 과제가 되었지.
- 교회 공동체의 뜨거운 기도, 설교자의 살아 있는 설교가 만나면 교회가 부흥할 터인데 말입니다….
- 김 목사, 정곡을 찌르는 말을 하네 그려. 설교자의 설교가 살고 공동체의 기도가 살아나면 그것이 부흥이지.
- 그래 선배님이 그 숙제를 풀어냈을 것 같은데요? 얼른 가르쳐 주세요.
- 그 숙제를 다 풀었다고 할지는 모르겠으나 한 가능성은 찾아냈

다네. "기도야 살아나라"라는 표어를 걸고 1년 줄기차게 기도운동을 해도 기도가 살아나지 않는다는 그 교회 담임 목사에게 한 가지 제언을 했지.

— 무슨 제언인데요?

— 내가 한 주일 올 테니 오전과 오후에 설교하는 1일 부흥회를 한 번 하자고 했지. 그리고 지난해 말, 하루 가서 "치유를 위한 공동체적 기도"라는 주제로 두 번 설교하되 설교 후에는 바로 함께하는 치유기도를 실시했지. 오전에는 내가 설교도 하고 치유기도회도 인도하고, 오후에는 내가 설교하고 치유기도회는 담임목사가 인도하도록 했지. 그리고는 매 주일 이 치유기도를 계속하라고 부탁했어.

— 그 교회 목사님은 매 주일 치유기도회를 하게 되었나요?

— 돌아와서 받은 전화인데, 그날 일단 담임 목사 남편이 허리, 다리 등 관절 통증이 나았다고 하더라고. 그래서 다른 환자들도 나을 때까지 사랑으로 부르짖어 기도하라고 격려했지. 약 3개월쯤 지났을 때 전화를 걸어 보았어요. 기도를 계속하고 있는지 궁금해서….

— 계속하던가요?

— 응, 계속하기는 계속하는데 아무도 낫지 않는다며 좀 지치는 분

위기더라고. 그래서 포기하지 말고 응답될 때까지 계속하라고 격려해주었지.

— 기도는 하는데 응답이 안 되면 지치겠지요?
— 김 목사 말이 맞지. 그런데 김 목사, 어떻게 믿나? 끝내 응답 안 하실 하나님이 아니지 않던가?
— 언젠가는 응답하시겠지요?
— 치유기도회를 시작한 지 약 반 년이 되었을 때 이런 보고가 왔다네.

목사님, 안녕하세요?
이○○ 목사입니다.
○○○○교회 치유 상황입니다
이○○ 권사님, 오랜 기간 힘들었던 우울증이 치료되어 기쁨 가운데 충성 봉사하십니다.
김○○ 권사님, 등이 무겁고 아픈 것이 기도로 치유되었습니다.
중간 보고 드립니다.

— 할렐루야! 드디어 응답 체험이 왔군요. 6개월 동안 우선 부르짖

어 기도하였으니 기도가 먼저 살아났겠네요?
- 바로 그거야. 각자 부르짖어 기도하라고 해도 기도가 여간해서 살아나지 않아. 그런데 혼자도 아니고 공동체로 그리고 막연한 제목도 아니고 병으로 고통받는 형제에게 사랑의 손을 얹고 기도하다 보니 기도가 먼저 살아나게 되고 기쁨이 솟아나고 에너지가 솟아오르는 경험을 하게 된 것이지.
- 기도가 살아나는 가능성이 보이는군요?
- 그리고 지난번 설교 영성 강의를 했다던 안산 목회자 그룹에 3개월 만에 다시 가서 이번에는 이 "치유를 위한 공동체적 기도"를 강의하고 각 교회에서 매 주일 실행하라고 부탁했지.
- 치유를 위한 기도들을 실행하던가요?
- 내가 그 목회자 그룹을 매우 사랑하게 되었는데 그들은 가르치는 대로 즉시 실행하는 매우 좋은 리액션을 보여주더라고. 그래서 그 치유사역 세미나를 한 뒤 약 2개월 지난 후 윤○○ 목사가 이렇게 종합 중간 보고를 보내왔더라고.

존경하고 사랑하는 목사님과 사모님, 함께하여 은혜롭고 행복한 시간이었습니다.

1일 치유 특강과 1일 부흥회 치유 간증을 보내 드립니다.

예따르미교회
1) 전도사님 두통 치유/ 365일 중 360일은 아픈 극심한 두통이 치유되어 기쁨으로 충성을 다하고 있음
2) 사모님 갑상선 저하증/ 20년 동안 복용했던 약을 먹지 않고 컨디션 좋음

큰기쁨교회
3) ○○○ 사모님/ 견갑골 통증 및 고혈압이 치유되어 정상이 됨

대포리교회
4) ○○○ 사모님/ 손목 통증 치유

십자성교회
5) ○○○ 장로님/ 극심한 위궤양으로 수술을 앞두고 2개월간 죽만 드셨는데 치유되어 정상적인 식사를 하고 체력이 회복되어 찬양 인도하며 기쁨으로 봉사 중

6) ○○○ 사모님/ 이명증으로 무척 힘들었는데 치유 회복되었음

주향한교회

7) ○○○ 집사님/ 친구 되는 이웃교회 ○○○ 목사님을 위해 기도했는데 간암 세포가 완전히 없어짐

8) ○○○ 권사님/ 심장의 큰 혈관 스텐트를 할 정도로 좁아졌는데 기도 후 정상으로 돌아옴

- 와우, 할렐루야. 한 번의 특강으로 여러 교회마다에서 치유와 회복이 이처럼 일어나다니 가슴 벅차고 감격스러운 소식입니다. 그러니까 한국교회에서 새로이 기도운동이 일어나려면 눈에 보이기도 하고 절실함이 느껴지기도 하는 치유기도가 기도를 일으키는 계기를 마련할 것을 기대하신 셈이군요?
- 바로 맞혔어. 사랑의 중보기도, 치유를 위한 공동체적 기도로 교회 공동체를 기도하는 공동체로 이끄는 계기로 삼는 것이지. 그리고 기도가 뜨거워질 뿐만 아니라 그 에너지와 간증은 전도의 에너지로 일어나게 되는 것을 기대할 수 있다네.
- 기도의 에너지가 전도의 에너지로 일어난다고요?

- 그렇다네. 지난해 10월에 카자흐스탄 알마티에서 카작 한인 선교사 수련회를 인도했고 거기서도 이 "치유를 위한 공동체적 기도"를 가르치고 시행하라고 했지.
- 카작에서도 열매가 있었나 보네요?
- 지난 2월에 카작 선교사 한 분이 잠시 볼 일이 있어 한국 들어왔는데 꼭 뵙고 말씀드리고 싶은 게 있다며 전화 왔더군. 그래서 만났지. 이분이 흥분하면서 간증하고 보고하더라고.
- 치유 간증이었나요?
- 맞아. 자기는 치유기도를 한번도 해 본 적이 없었대. 치유기도를 하려고 생각하면 '기도해도 안 나으면 어쩌지?' 하는 두려움이 앞서서 시도하지도 못했다고 고백하더라고. 그런데 수련회 때 내 강의를 듣고 용기를 얻어서 바로 다음 주부터 자기가 지도하는 카작인 교회에서 "치유를 위한 공동체적 기도"를 실시하게 되었대.
- 그랬더니요?
- 약 3개월여 기도회를 한 것이지. 그런데 치매로 자녀도 못 알아보고 목사도 못 알아보고 주일도 잊어버려 교회 오는 날보다 안 오는 날이 많은 치매 걸린 할머니를 위하여 기도하였는데 치매가 치유되고 다 알아보고 기뻐하며 신앙생활을 한다는 보고였어.

- 치매 환자가 치유되었다고요? 저 생전 지금까지, 치매 환자가 병원에서든 교회에서든 치유되었다는 이야기는 처음 듣습니다.
- 뭘 그리 놀라나? 하나님의 치유는 한계가 없다네. 중요한 것은 그다음 이야기야.
- 치매가 치유된 이야기보다 더 중요한 이야기가 또 있어요?
- 그 할머니의 치매가 치유되자 그 자녀들이 놀라고 요동치게 된 것이야. "이런 일이 어떻게 가능하단 말이야? 이것은 진짜 하나님이 아니고는 고칠 수 없는 것이다. 우리도 다 하나님 믿으러 가자" 하고는 그 자녀들이 교회 나오는 계기가 되었다는 이야기네.
- 치유가 전도로 이어진 이야기네요? 선배님, 분명 교회가 기도로 뜨거워지고 치유를 통한 전도의 에너지가 일어날 것이 기대되는 대목입니다. 가능성을 저도 보기 시작하는데요 선배님은 이전부터도 치유사역을 가르치고 하셨다는데, 왜 치유사역이어야 한다고 깨닫게 되었나요? 그리고 왜 공동체적 기도라고 생각하게 되었나요?

2025년 9월

이강천

치유를 위한
공동체적 기도

목차 Contents

서문_ 교회(특히 개척교회)의 부흥을 꿈꾸며 ·· 2

1. 왜 치유사역인가? ·· 17
2. 치유사역은 누구라도 어느 교회라도 할 수 있는가? ·· 35
3. 왜 공동체적인 기도인가? ·· 64
4. 치유를 위한 공동체적 기도의 모델 ·· 77
5. 치유의 근거/치유의 메시지 ·· 92
6. 치유의 세계 ·· 110
7. 치유는 절대적이거나 영원한 것인가? ·· 161
8. 적용을 위한 제언 ·· 169

1.
왜 치유사역인가?

- 내가 바나바훈련원 사역을 할 때 주일 날이면 어느 교회에서 설교 초청을 받는 날을 제외하고는 가까운 교회에 출석하며 예배드렸지. 한 번은 주일에 마침 그 교회의 담임 목사가 "예수님의 3대 사역"이라는 주제로 설교하는 것을 듣게 되었어. 본문은 마태복음 9장 35절 말씀이었고.
- 그 분문에는 예수님의 3대 사역이 가르치는 사역, 복음전도 사역, 병 고치는 치유사역으로 나오지요?
- 그렇지. 거기 순서대로 설교하더군. 맨 먼저 가르치는 사역에 대하여 설교하는데, 예수님의 가르치는 사역의 특징들과 중요한 진리들에 대하여 설명한 후 적용하면서 "우리 교회 나의 목

회 중에도 가르치는 사역을 중요하게 여기고 성경 공부반을 열고 또 제자훈련반도 열려고 하니, 여러분! 다 와서 배우고 또 다른 사람들을 가르칠 수 있기를 바랍니다." 그렇게 적용하더라고.

- 즉각적이고 훌륭한 적용 아닌가요?
- 좋았지. 그리고 다음에는 복음전도 사역에 대하여 설교하고 또 적용으로 "우리 교회, 우리 모두 전도하는 교회, 전도하는 성도가 되게 하기 위하여 매주 목요일을 전도의 날로 선포하니 그날은 나와서 전도하도록 헌신하시기 바랍니다." 그러더군.
- 시골교회에서 그 정도만 해도 훌륭한 적용이군요?
- 그다음에는 이제 병 고침의 사역에 대하여 설교하는데 예수님의 병 고침의 사역들을 예로 들면서 사역의 특징, 사역의 방식 등을 이야기하더니 "예수님은 하나님의 아들로서 이러한 병 고치는 능력도 행하셨습니다. 우리에게는 그러한 능력이 없어서 좀 아쉽기는 하지만 다행이 의술이 발달한 시대에 살고 있는 것이 감사하지요. 그리고 오늘날 교회는 병 고치는 일이 본질적인 것은 아니니까요. 열심히 전도하고 하나님의 말씀을 가

르치는 일에 집중하기로 합니다." 그러더라고?

- 치유사역은 갑자기 적용이 없군요? 그리고 아예 본질적인 사역이 아니라고 지우고 가네요?
- 그렇지? 그래서 그 설교를 들으면서 내게 큰 고민이 생기고 부담이 생겼어. '치유사역은 본질적인 사역인가, 선택적인 사역인가?' 하는 질문에 대한 대답을 얻어야 한다는 부담이 생긴 것이야. 그리고 내가 이 설교를 한다면 나는 어떤 적용을 제시했을까? 나도 현대 의학이 발달해서 교회가 치유사역을 안 해도 되는 것이 감사하다고 결론지을 것인가? 그날부터 나는 이 질문에 내가 대답을 할 수 있을 때까지는 잠이 잘 오지 않을 것 같다고 느꼈지.
- 잠이 오지 않을 것 같다고 느끼기만 했나요, 실제로 잠이 안 오시던가요?
- 사람도 참 짓궂게 거기까지 묻는가?
- 아, 죄송합니다. 하여튼 선배님에게 그 질문이 심각한 부담이 되었다는 말씀으로 이해하겠습니다.
- 김 목사는 어떻게 생각하나? 부담을 느끼지 않는가?
- 하여튼 치유사역은 본질적인 사역은 아니라고 버리고 가는 것

은 아닐 것 같은데요? 막상 치유사역을 하겠다고 덤비기도 두렵고요. 대체로 오늘날 목회자들이 치유사역의 경험이 없기에 치유사역은 아예 사이드로 밀어 버리려는 경향이 있는 것 같아요. 왜 신학교에서는 치유사역은 안 가르칠까요? 신학교 과목에 치유사역 과목이 전혀 없어요. 이론 신학에서는 다루지 않는다고 해도 실천 신학에서는 다루어야 하지 않을까요?

- 그게 합리주의 영향을 받은 현대 신학의 맹점이지. 그리고 심지어 어떤 신학교 어떤 교파에서는 세대주의 영향으로 은사나 치유나 기적은 계시로서의 성경이 완성된 지금은 더 이상 없다고 주장하고 가르치기도 하니까 이러한 세대주의가 전체 신학과 교회에 적지 않은 영향을 미친 것이지.

- 아니 성경이 완성되어서 더 이상 은사도 치유도 기적도 없다는 게 말이나 되나요? 그러면 성경 속의 모든 은사나 치유나 기적은 단순한 옛날이야기일 뿐이고 하나님은 우리에게 예전에 살고 말씀하고 지금은 돌아가신 하나님인가요? 우리의 예배는 하나님 추도 예배인가요?

- 그러게 말이야. 목회현장에서는 이 질병이 얼마나 사람을 고통 가운데 있게 하며 치유가 얼마나 절실한 과제인데 치유사

역에 목회자 양성기관이 무관심하다는 게 안타까운 일이 아닐 수 없지.
- 그래서 요즘은 자신이 신유를 체험하고 신유의 은사가 있는 극소수의 전유물이 되고 신유의 은사가 없는 목회자는 아예 치유사역에 겁을 먹기도 하는 것 같지요?
- 김 목사도 치유사역하면 말만 들어도 떨리나?
- 저라고 별 수 있겠습니까? 저도 치유사역은 엄두도 못 내고 있습니다.
- 김 목사 솔직한 게 감사하네. 그래서 그 교회 목사가 최소한 이렇게 적용을 이야기했으면 얼마나 좋을까 하는 생각은 들더라고.
- 어떤 적용을요?
- "예수님은 병든 자를 보시면 불쌍히 여기시고 고쳐 주셨습니다. 우리도 우리 가운데 병든 자를 볼 때면 불쌍히 여기고 긍휼히 여기는 사랑의 간절함으로 하나님께 고쳐 달라고 기도하여야 하겠습니다. 그래서 우리가 금요일마다 심야 기도회를 하고 있는데 적어도 한 달의 마지막 금요일은 치유기도회로 하겠습니다." 이 정도라도 해야 하지 않겠는가?
- 그렇네요. 치유를 위한 기도회라도 여는 적용 정도는 해야 하

는데 말입니다. 그런데 솔직히 말하면 카자흐스탄 어느 선교사님 고백처럼 치유기도회를 하여도 한 명도 치유가 안 되면 어쩌나 하는 두려움이 있거든요?
- 그래, 이해는 가지. 신학대학 교수직을 하였던 내 잘못이 크네. 치유사역을 가르쳐 주지 못한 내 죄가 커.
- 선배님만의 문제는 아니겠지요? 너무 자책하지 마세요.
- 하기야 나도 신학생 시절에 치유사역을 배운 적이 없으니까. 그런 생각을 하면서 다시 이야기하지만 치유사역이 본질적인 것인가, 부수적인 것인가 질문은 내 숙제가 되었지.
- 선배님 말씀 듣고 보니 그렇네요. 우리는 병 고치는 능력이 있든 없든 병 고치는 능력을 가지신 하나님께 고쳐 달라고 기도는 할 수 있으니까요. 최소한 치유를 위한 기도회를 할 수는 있는 것 같은데요?
- 다시 말하지만 치유사역을 능력의 차원으로 접근하려고 하면 신유의 은사가 없는 사람은 엄두도 못 내요. 하지만 치유사역을 사랑과 구원이라는 차원으로 접근하면 치유를 위해서 사랑의 간절함으로 기도할 수 있어요.
- 아, 능력이 있느냐 없느냐를 따지지 말고 사랑하는 마음으로

기도하라는 말씀인가요?
- 우선 그러면 될 것 아니겠는가?
- 그렇네요? 그런데 치유사역이 본질적인 사역이냐, 부수적인 사역이냐의 질문에 대한 대답은 무엇이었나요?
- 치유사역은 한마디로 예수님의 본질적인 사역이었고 우리도 해야 하는 사명이라는 결론을 얻게 되었지. 두렵고 떨리는 결론이기는 하지만 말이야.
- 두렵고 떨리는 결론은 왜 그런 것이고, 어떻게 그런 결론을 얻으셨나요?
- 두렵고 떨리는 결론이란 내가 한번도 치유사역을 해보지 못해서 자신감은 없는데 치유사역이 본질적인 예수 제자의 사역이요 교회 공동체의 사역이라는 결론에 도달할 수밖에 없는 사실이 두려웠던 것이야. 본질적인 사역이라는 결론에 도달하게 된 이유는 이런 것이야.

치유사역은 예수님의 메시아 되심의 증거였다

- 첫째는 병 고침의 역사를 예수님은 자신의 메시아적 사역으로

생각하고 소중하게 여겼으며 심지어 병 고침의 사역이 자신의 메시아 됨을 증거하는 증표라고 여겼다는 점이지. 세례 요한이 사람을 보내어 예수님이 자기들이 기다리던 메시아인지, 다른 이가 메시아로 올 것인지를 물었을 때 예수님은 병든 자를 고치는 일이 자신이 메시아임을 나타내는 것이라고 말하도록 하였던 것이지.

> 마 11:2-5 요한이 옥에서 그리스도께서 하신 일을 듣고 제자들을 보내어 예수께 여짜오되 오실 그이가 당신이오니이까 우리가 다른 이를 기다리오리이까 예수께서 대답하여 이르시되 너희가 가서 듣고 보는 것을 요한에게 알리되 맹인이 보며 못 걷는 사람이 걸으며 나병환자가 깨끗함을 받으며 못 듣는 자가 들으며 죽은 자가 살아나며 가난한 자에게 복음이 전파된다 하라

- 그렇다면 병 고치는 그런 기적을 행하는 능력이 하나님이 보낸 메시아임을 증언하는 증표라고 말씀했다는 것이지요?
- 잠깐, 많은 사람들이 오해하는 포인트인데, 김 목사도 역시 오

해하는군.
- 무엇을 오해한다고요?
- 예수님이 병 고침의 역사를 자신의 메시아 됨을 나타내는 표징이라고 말씀하실 때 중요한 포인트는 첫째는 이것이 이사야 선지자를 통하여 예언한 메시아의 사역이라는 점이고, 둘째는 병을 고치고 기적을 행하는 능력을 이야기하기보다는 그러한 고통 당하는 자들, 불쌍한 자들을 불쌍히 여기고 구원하는 사랑의 행위에 초점이 있다는 것을 알아야 해요.
- 메시아로서의 표징은 능력이 아니라 사랑이라고요?
- 물론 능력도 부정할 필요는 없겠지만 중요한 포인트는 사랑이라는 것이야.
- 그러니까 예수님이 병든 자를 고칠 때 '보아라 나는 병 고치는 능력도 있느니라'라고 능력을 나타내는 행위로서가 아니라 '보아라 이 병든 자들이 얼마나 불쌍하냐? 그를 구원하고 고치고 해방해야 하지 않겠느냐?' 그런 차원에서 병 고치는 사역을 행한 것이고 그것이 사랑의 화신이 메시아임을 증언하는 표징이라는 말씀이지요?
- 그렇다네. 그렇다고 능력을 배제해야 한다는 뜻이 아니고 본

질은 사랑이라는 뜻이지.

마 14:14 예수께서 나오사 큰 무리를 보시고 불쌍히 여기사 그 중에 있는 병자를 고쳐 주시니라

- 예수님의 병 고침 사역은 능력을 나타내려는 의도가 아니라 불쌍히 여기는 마음, 사랑 때문에 행하게 된 사역이라는 말이네. 우리가 메시아적 공동체, 서로 사랑하는 공동체로서 살아가는 교회요 그리스도인이라면 사랑의 행위로서 병 고침을 위한 사역이나 적어도 병 고침을 위한 기도는 매우 중요한 코이노니아 공동체의 삶의 요소가 될 것이 아니겠는가?
- 그래서 그런지 4복음서 모두 살펴보면 예수님의 병 고침 사역이 아주 많이 기록되었고 예수님은 병든 자를 보고 고치지 않고 넘어간 적이 없는 것 같더라고요?
- 맞지. 이미 언급했지만 그래서 예수님의 3대 사역 가운데 치유 사역이 들어가 있기도 하지. 가르치는 사역, 복음 전도 사역, 병 고치는 사역 그렇게 말이야.

마 9:35 예수께서 모든 도시와 마을에 두루 다니사 그들의 회당에서 가르치시며 천국 복음을 전파하시며 모든 병과 모든 약한 것을 고치시니라

- 아, 이 말씀을 보면 예수님의 사역에서는 그 명단상 세 번째로 기록하고는 있지만 가르치는 사역이나 복음 전도 사역이나 치유사역이 동일한 중요성을 갖는, 예수님의 본질적인 사역의 하나로 기록하고 있는 것 같은데요?
- 우선 사복음서를 비롯하여 사도행전을 좀 자세히 살펴보았지.
- 거기서 어떤 결론을 얻었나요?
- 처음에는 즐겁지는 않지만 치유사역이 본질적 사역인 것 같다는 생각을 지울 수가 없었어.
- 그게 왜 즐겁지 않은 생각인가요?
- 내가 치유사역을 해 본 경험이 없고, 치유사역에 자신이 없고, 치유사역 하면 나와는 거리가 먼, 적어도 멀리하고 싶은 일이었기 때문이지.
- 자신은 없고 하고 싶은 일은 아니어도 본질적인 사역, 교회가 꼭 해야 하는 사역인 것 같다고 느낄 때의 부담감을 상상해 보

니 저도 상당히 부담이 될 것 같네요. 그런데 본질적인 사역임을 부인하지 못할 무엇이 더 발견되었나요?

🌿 치유사역은 예수님이 행한 본질적인 사역이다

- 이미 본 대로 예수님이 치유사역을 본질적인 사역으로 하셨다는 사실이지. 앞에서 우리가 본 것처럼 치유사역은 예수님의 가르치는 사역과 복음전파 사역과 더불어 늘 행하신 3대 사역 중 하나로서 구원사역의 일환이요 메시아 사역의 일환이라는 점이야.

> 마 8:16-17 저물매 사람들이 귀신 들린 자를 많이 데리고 예수께 오거늘 예수께서 말씀으로 귀신들을 쫓아 내시고 병든 자들을 다 고치시니 이는 선지자 이사야를 통하여 하신 말씀에 우리의 연약한 것을 친히 담당하시고 병을 짊어지셨도다 함을 이루려 하심이더라

- 예수님께서는 병든 자들을 다 고치셨고 이 병 고침의 사역이

이사야 예언자가 예언한 대로 "우리의 연약한 것을 친히 담당하시고 병을 짊어지셨도다 함을 이루는" 구원자의 사역이었다는 것이야.

— 정말 그런데요? 야, 이거 도망가고 싶어도 도망갈 수 없는 것 같아요. 적어도 예수님에게 치유사역은 구원사역의 과정인 본질적인 사역이었다는 것이니 치유의 능력이 있느냐 없느냐를 떠나서 우리가 진지하게 생각할 문제인 것 같네요.

🌿 치유사역은 예수께서 제자들에게 명하신 본질적인 사역이다

— 둘째는 치유사역을 예수님께서 그 제자들에게 명하시고 맡기셨다는 사실이지. 예수께서 전도훈련 내지 제자훈련 하실 때 병든 자를 고치고 귀신을 제어하는 권능을 제자들에게 주기도 하시면서 가서 복음을 전하되 병든 자를 고치라고 하셨거든.

> 마 10:1 예수께서 그의 열두 제자를 부르사 더러운 귀신을 쫓아내며 모든 병과 모든 약한 것을 고치는 권능을 주시니라

마 10:7-8 가면서 전파하여 말하되 천국이 가까이 왔다 하고 병든 자를 고치며 죽은 자를 살리며 나병환자를 깨끗하게 하며 귀신을 쫓아내되 너희가 거저 받았으니 거저 주라

눅 9:1-2 예수께서 열두 제자를 불러모으사 모든 귀신을 제어하며 병을 고치는 능력과 권위를 주시고 하나님의 나라를 전파하며 앓는 자를 고치게 하려고 내보내시며

- 그렇네요? 당시에 제자들에게 명하시고 맡기신 일이라면 지금 우리도 그 명령을 받았고 그 위임을 맡은 것 아닌가요?
- 그래서 나는 점점 괴로워지고 있었던 것이야. 이 제자들에게 명하신 일은 일회적인 것인가? 지금도 예수님의 제자라면 받들어야 하는 명령인가? 지금은 아니라고 하고 싶으나 그럴 만한 근거는 없고 말이야.
- 우리가 현대 의술을 사용하기는 하지만 치유는 의사에게 맡기고 교회는 가르치는 일과 복음 전도하는 일만 하면 된다고 말할 근거도 없으니 안 할 수 없는데 할 능력은 없는 것 같고…. 그래서 고민하게 되었다는 말씀이지요? 그런데 선배님, 현대

의술이 발달하기는 해서 웬만하면 병원에서 의사가 치료하기는 하지 않나요?

— 물론 의술이 많이 발전했지. 그래서 병원에 가서 쉽게 치료할 수 있는 것들은 치료해야지. 여기서 짚고 넘어가야 할 것이 있는데 하나님께 치유를 위해 기도하는 것과 병원 가는 일이 배치되는 일이라고 생각할 필요는 없어. 병원에 가야 하고 의사의 지시를 따라 치료해야지. 그러나 의술도 발달하고 병도 발달해. 의사가 못 고치는 병도 많고 수십 년씩 고통받는 사람도 많아. 그래서 치유사역은 언제나 필요하고 언제나 절실해.

— 그러니 지금도 병 고치는 사역은 제자들에게 명한 것이고 위임한 것이라는 생각을 지울 수 없으셨다는 말이군요?

— 그랬다니까?

— 선배님의 양심이 살아 있었다고 보아야 하는지 괜히 혼자 짐을 다 지는 척한 것인지는 모르겠는데요, 요즘 제가 주변에서 보는 목사님들은 그런 고민도 없어요. 교회를 통하여 치유사역이 전혀 안 되고 있어도 그러려니 하지, 고민하는 것 같지 않던데요?

— 아마 속으로는 고민하고 있을 거야.

- 그럴까요?
- 경험이 없고 자신이 없어 못 하는 것이지. 해야 한다는 사실 자체를 부정하고 있지는 않을 것이고, 해야 하는데 못하는, 내 심의 고민은 느끼고 있을 것이네. 요즘 목사님들을 너무 그렇게 보지 말게.
- 아 죄송합니다. 수정하겠습니다.

✿ 치유사역은 초대교회가 행하였던 본질적인 사역이었다

- 게다가 사도행전을 보니 초대교회는 치유사역을 행하고 있었고 복음이 전해지는 곳에서 언제나 치유사역은 자연스럽게 행해지고 있었다는 점인데요. 베드로 사도는 못 걷는 자를 고쳐 걷고 뛰게 하였고(행 3:1-10) 심지어 베드로가 지날 때 그림자라도 지나게 하려고 병든 자들이 베드로를 기다리는 모습을 보이기도 하고(행 5:15) 예수님이 그러신 것처럼 모든 병자를 고쳤다는 기록이에요.

행 5:16 예루살렘 부근의 수많은 사람들도 모여 병든 사람과

더러운 귀신에게 괴로움 받는 사람을 데리고 와서 다 나음을
얻으니라

- 바울 사도도 치유를 많이 행하니까 차례가 더디게 오거나 만
날 기회가 없을 것 같은 병자를 위하여 바울 사도의 손수건을
가져다 올려 놓으면 낫기도 했다고 하지요?

행 19:12 심지어 사람들이 바울의 몸에서 손수건이나 앞치마
를 가져다가 병든 사람에게 얹으면 그 병이 떠나고 악귀도 나
가더라

- 그래, 사도들만이 아니라 집사님들도 치유사역과 복음전도 사
역을 동시적으로 행했어.

행 8:4-8 그 흩어진 사람들이 두루 다니며 복음의 말씀을 전
할새 빌립이 사마리아 성에 내려가 그리스도를 백성에게 전
파하니 무리가 빌립의 말도 듣고 행하는 표적도 보고 한마음
으로 그가 하는 말을 따르더라 많은 사람에게 붙었던 더러운

귀신들이 크게 소리를 지르며 나가고 또 많은 중풍병자와 못 걷는 사람이 나으니 그 성에 큰 기쁨이 있더라

- 초대교회에서도 전도와 치유가 동시적으로 행해졌네요?
- 그렇지? 그러니 내 마음은 몹시 무거운 부담감으로 짓눌리게 되었어. '성경을 확인하면 확인할수록 치유사역이 본질적인 사역이라는 것을 부정할 수 없는데 어떻게 치유사역을 해야 하나?' 하는 부담감, 내가 목사들을 가르치는 목사로서 '목사들에게 어떻게 교회에서 치유사역을 하라고 해야 하나?' 하는 부담감이 매우 컸었다네.
- 그 부담감을 어떻게 극복하고 행하게 되었나요? 우리에게도 현실적인 문제인데 흥미로워지고 기대감이 드는데요?

2.
치유사역은 누구라도 어느 교회라도 할 수 있는가?

- 나도 치유사역을 못 하지. 또 내게는 많은 목회자들이 훈련받으러 오는데 저들도 치유사역에는 자신감이 없다는 것을 아는 나로서는 큰 부담감을 가지고 씨름할 수밖에 없었어. 그런데 하나님께서 깨달음을 주시면서 격려하시는 것을 알게 되었고 치유사역에 대한 두려움을 없애 주시는 은혜를 받았는데 그 내용은 몇 가지 확신을 얻는 깨달음이었지.
- 그 깨달음을 어서 나누어 주세요.

🍃 성령의 은사와 직임과 역사에 대한 이해

- 첫째 깨달음은 은사와 관련하여 은사와 직임과 역사, 성령의 삼중적 은혜의 역사에 대한 이해이지.
- 그게 치유사역과 무슨 상관인데요?
- 많은 경우 치유사역은 병 고침의 직임이나 은사를 받은 사람만이 할 수 있다고 생각하고 은사를 받지 못한 사람은 아예 치유사역을 시도조차 못한다는 것이 우리의 현실이거든.
- 그건 사실인 것 같아요. 선배님, 그런데 어떻게 치유사역을 용기 내게 되었는지 궁금해요.
- 은사나 직임이 아니라도 성령의 역사가 있다는 사실이 용기를 주었어. 내게 병 고침의 은사나 직임이 없다고 해도 기도하면 응답의 역사로 병 고침의 역사가 있다는 것이니 은사가 없어서 못 한다고 하는 것은 맞지 않다는 것이고 은사가 없어도 가능하다는 것이야. 나도 김 목사도 할 수 있는 것이야.
- 좀 더 자세한 설명이 필요할 것 같은데요?

신유의 은사

- 신유의 은사가 무엇이겠나?
- 은사는 우리가 교회의 성장과 부흥과 선교사역의 능률을 위하여 어떤 지체에게 부어 주시는 성령의 능력이라고 배운 것 같습니다.
- 훌륭하게 잘 배웠네. 맞지. 교회를 성장시키고 복음 선교를 효과적으로 잘하게 하려고 특별히 부어 주시는 성령의 능력이 바로 은사지. 그러면 신유의 은사란 그 은사 받은 자가 그 은사를 사용하여 병든 자를 고치면서 복음 전하고 교회성장에 이바지 하라고 주시는 병 고침의 능력이지. 신유의 은사를 받은 사람과 못 받은 사람의 치유사역의 열매는 분명 차이가 크지. 왜냐하면 병 고치는 능력을 부여해 주신 게 신유의 은사이니까.
- 그럼 저 같은 목사가 신유의 은사를 구해야 할까요? 없는 채로 사역해도 되나요?
- 김 목사, 그걸 질문이라고 하나? 당연히 구해야지. 신유의 은사를 받으라고.

- 모든 사람에게 은사를 다 주시는 것은 아니지 않아요?
- 그것은 그렇지만 내가 받고 싶다는 거룩한 욕심은 있어야지.
- 그럼 선배님은 신유의 은사를 받으셨어요?
- 이 사람, 꼭 질문을 그렇게 해야 하나? 나는 못 받았어도 자네는 받으라고.
- 아, 네, 선배님 알아들었습니다. 화내지 마세요.
- 사실은 나도 신유의 은사를 받았었고 체험하였는데 어리석게도 반납했다네. 사실은 신유 은사 얘기가 나오면 내가 바보짓을 한 것이 스스로 미워져서 민감했던 것 같아. 화낸 모습 미안하이.
- 바보짓이라니요? 신유 은사를 반납하다니요?
- 부끄럽지만 이야기를 해야 될 것 같군. 내가 1988년에 건강이 여의치 않아서 1년간 요양생활 하던 중에 7개월을 기도원에서 생활하였거든. 1988년 12월 12일에 천안에 있는 망향기도원에 들어가서 기도하며 몸을 회복하고 있었지.
- 어디가 편치 않으셨는데요?
- 저혈압 저체중증에 걸려 있었어. 몸무게가 47kg, 혈압은 60-90mmHg로서 아주 누워 있지는 않아도 일을 하기에는 힘이

달리는 증세로 당시 선교국장 자리를 사임하고 요양생활을 1년여 하게 되었지. 새벽 5시부터 한 시간, 오전 10시부터 한 시간, 오후 2시부터 한 시간, 저녁 8시부터 한 시간 이렇게 하루 네 차례 기도하면서 쉬고 산책하고 그러면서 지내고 있었어. 그런데 12월 24일에 성탄절이 다가오자 기도원에 기도하러 왔던 사람들이 다 내려가고 나만 홀로 남았는데 그날 나는 엄청난 충격으로 다가온 말씀을 받게 되었어.

성령의 능력으로 갈릴리에

- 어떤 말씀인데요?
- 그날 아침 기도를 하고 누가복음을 읽고 있었지. 4장에 이르러 나는 숨막히는 전율을 느꼈어.

> 눅 4:14 예수께서 성령의 능력으로 갈릴리에 돌아가시니 그 소문이 사방에 퍼졌고

이 이야기는 예수님께서 갈릴리에서 본격적인 사역을 시작하

기 전에 광야에서 40일 금식기도 후에 성령의 능력으로 갈릴리에 가서 사역을 하게 되었다는 이야기이지 않나?

- 그렇지요.

- 나는 그동안 예수님께서 하나님이시기에 가르치는 사역도 뛰어나게 하시고 병 고치는 사역도 하시고 여러 가지 기적도 행하셨다고만 배웠고 그러한 초자연적 역사가 예수님이 하나님이라는 것을 증거한다고 배우고 알고 있었는데, 여기 누가복음은 예수님도 인간으로 인간의 한계 속에 오셨다는 것을 전제하고, 금식기도하고 나서 성령의 능력으로 일터로 가셨다는 표현이거든. 그러니까 인간의 한계 속에 오신 예수님이 성령의 능력으로 하나님 나라의 역사를 이루는 것이란 말이야. 하물며 인간의 한계를 처음부터 가지고 태어난 나는 정작 성령의 능력도 없이 성실하게는 하였어도 무능한 사역자였다는 것이지. 회한의 각성, 동시에 가능성에의 비전이 함께 내게 몰려왔어. 그래서 다른 모든 기도 제목 다 지우고 오직 이 한 가지를 기도제목으로 기도하게 되었지. "주님, 나도 성령의 능력으로 갈릴리에 돌아가게 해주세요."

- 갈릴리는 예수님의 일터이니까 선배님에게도 갈릴리는 일터를

상징하니까 결국 성령의 능력으로 일터로 돌아가게 해 달라는 기도였군요?

- 그렇지? 김 목사 알아차리는 능력이 대단하군. 그래서 나는 그 날부터 하루 네 차례 기도를 하면서 오직 "성령의 능력으로 갈릴리에"를 수천 번 부르짖게 되었지. 그러던 중 이듬해 3월 1일인데 대전에서 목회하던 동기생 친구 목사가 문안차 망향기도원에 찾아왔어. 그가 보더니 내가 지내는 방이 어둡다며 기도원을 옮기자고 짐을 싸 자기 차에 오르라고 성화여서 그 기도원을 떠나 친구가 안내하는 기도원으로 옮기게 되었지.

- 어느 기도원으로 가셨는데요?

- 이야기를 좀 기다려봐. 대청호가 있는 쪽으로 가는 것 같더라고. 조그만 고개를 넘더니 "이제 거의 다 왔어. 조금 내려가면 기도원 안내 팻말이 오른쪽으로 보일 거야." 그러기에 고개를 창밖으로 향하여 무슨 기도원 안내판이 나오나 주목하며 내려갔지. 마침내 기도원 안내판이 나오는데 '갈릴리기도원'이었어.

- 네에? 여러 달 갈릴리에 보내 달라고 기도하셨는데, 마침내 갈릴리에 오셨네요?

- 그래 말이야. 나는 흥분을 감출 수 없었다네. 어쨌든 이름이라도 지금 갈릴리에 온 것이 아닌가?
- 뭔가 심상치 않은 느낌인데요?
- 그날 갈릴리 기도원에서 첫 저녁 기도 시간을 맞이했지. 기도의 자리에 앉아서 나는 주님께 물었지. "주님, 내가 두 달 넘게 성령의 능력으로 갈릴리에 보내 달라고 했더니 마침내 갈릴리에 왔네요. 그런데 성령의 능력은 어찌 되었나요?"
- 뭐라고 대답하시던가요?
- 대답 대신 질문을 하시더군. "소자야, 내가 너를 고쳐줄 것을 믿느냐?" 너무나도 속상한 질문이지 않아? 당연히 믿고 있는 걸 물으시니까 "주님, 내가 언제 하나님의 병 고침의 능력을 부정하는 것 보셨습니까? 나는 신유를 믿습니다." 그리 대답했지 않겠나?
- 그래서요?
- 주님은 재차 물으시더군. "내 질문은 '네가 신유의 교리를 믿느냐?'가 아니고 '지금 여기서 고칠 줄을 믿느냐?' 묻는 것이다." 그러시더라고.
- 얼른 "믿습니다" 하시지요?

- 그러지 않아도 나도 그러려고 "주님, 내가 지금 고치실 줄 믿습니다" 소리치려고 했는데 "주님 내가 지금 고치실 줄 민" 여기까지는 외쳤는데, "습니다"가 안 나오고 내가 밀양에서 목회할 때 일이 생각나게 하시는 것이었지.
- 밀양에서 목회할 때 무슨 일이 있었는데요?
- 밀양에서 목회한 곳은 신학대학 교수직을 내려놓고 처음 목회하러 간 교회였거든. 거기서 어려웠던 것 중 하나가 환자가 발생하면 담임 목사에게 안수 기도를 해 달라고 청한단 말이야.
- 당연히 그러겠지요?
- 그런데 문제는 아무리 안수해도 나았다는 사람이 없는 것이야. 한 3년 그렇게 하다 보니 나중에는 속으로 '낫지도 않을 것인데…' 그러면서 그냥 기도해 주곤 했었지. 참 부끄러운 고백이네 그려. 어때? 김 목사는 환자를 위해 안수 기도하면 잘 낫던가?
- 듣다 보니 제 가슴이 뛰고 정신이 몽롱해집니다. 어쩌면 선배님이 제 얘기를 하시는 것입니까? 저도 그런 수준입니다. 그래서 어찌하셨습니까? 선배님의 해결을 저도 닮아야 할 것 같습니다.

- 그래서 내가 눈치 하나는 있으니까 알아듣고 솔직히 고백했지. "나의 믿음 없는 것을 용서하여 주옵소서. 그리고 믿음을 도와주옵소서" 하며 신앙인의 불신앙을 눈물로 회개하였다네.
- 아이구, 저도 오늘 집에 가면 이 회개를 해야겠네요! 그리고 어찌 되었나요?
- 그날 밤 자고, 다음 날 아침 식사 후 잠시 쉬고 있는데 그 기도원 관리도 하며 교회 목회도 하고 계신 전도사님이 여섯 살짜리 아들을 내 방으로 데리고 와서 아이에게 안수 기도를 해달라는 거야.
- 무슨 안수요?
- 어젯밤 밤새도록 열이 나고 아팠다는 거야. 그런데 병원에 가자고 했더니 이 아이가 "우리 기도원에 와서 기도하고 계신 이강천 목사님에게 안수 기도 받으면 나을 것 같다"며 데리고 온 것이야.
- 당장 테스트가 들어왔네요? 예전과 다르게 안수 기도할 수 있으셨나요?
- '주님 테스트 마시고 손을 얹을 테니 즉시 고쳐 주세요.' 속으

로 간구하고는 그 아이에게 손을 얹고 기도했지. 기도하다 보니 예수님께서 베드로 장모 열병을 꾸짖으시니 떠났다는 말씀도 생각이 나서 예수 이름으로 열병은 떠나가라고 꾸짖기도 하고 기도를 마쳤지. 그랬더니 이 아이가 '아멘' 하고 큰 소리로 화답하더니 열이 떠나고 건강하게 뛰어노는 것이야. 마치 짜고 하는 것 같더라고.

— 누구랑 짜요?

— 하나님하고 그 아이하고 짜고 나를 훈련하는 것 같았어.

— 어쨌든 신유를 경험하셨네요?

— 그랬어. 그런데 열병이 돌림병이어서 다음 날은 그 아이 여동생이 열이 난다고 안수하게 되고 다음 날엔 기도원 아랫집 아이가 열이 난다고 데려오고 다음 날은 기도원에 엄마 따라온 아이가 열이 난다고 안수하고 네 명이나 치유되는 경험을 했지.

— 그쯤 되면 선배님 신유 은사가 있다고 소문 나서 환자들 몰려오겠는데요?

— 맞아. 이제 아이가 아닌 어른들이 한 명씩 찾아오게 되었어. 신장염 아주머니가 와서 안수받고 나았다 하고, 치질 환자 집

사님이 안수받고 나았다 하고, 풍에 걸려 다리 불편한 아저씨가 나왔고. 그런데 거기서 그만 스톱이었어.

- 아니 왜요? 왜 스톱이어요?
- 그쯤 되니 내가 겁이 덜컥 나더라고.
- 아니 왜 겁이 나요? 나 같으면 신이 났겠는데요?
- 내가 싫어하는 그림이 보이는 것이야. 이강천 목사가 신유의 은사가 아주 세다고 소문나고 전국 각지에서 환자들이 밀려오는…. 그래서 아침부터 저녁까지 주야장천 환자들 안수하고 있는 그림이 보이는데, 그게 싫었어. 내가 누군가? 신학대학 교수 출신인데, 설교나 강의하는 그림이 어울리지 환자 안수에 매몰되어 있는 그림이 싫더란 말이야.
- 그래서 어찌하셨는데요?
- 어찌하긴 뭘 어찌해? 신유 은사를 반납했지.
- 아니 신유 은사를 반납하다니요? 그래서 그 뒤로는 안수기도 안 하셨어요? 반납해도 되는 거예요?
- 하나님께도 "나 안수하여 병 고치는 일 그만하겠습니다"라고 반납하고 사람들에게도 더 이상 나 안수 기도 안 한다고 선포하여 버렸다네. 지금 생각하면 무식해서 그런 것인데, 바보 같

은 짓이었지.
- 무식하다니요? 무엇이 무식이에요?
- 은사와 직임을 구분할 줄 몰랐던 것이야.
- 은사와 직임? 어떻게 다른데요?

✎ 은사와 직임

- 우선 성경말씀을 한번 보자고….

> 고전 12:4-7 은사는 여러 가지나 성령은 같고 직분은 여러 가지나 주는 같으며 또 사역은 여러 가지나 모든 것을 모든 사람 가운데서 이루시는 하나님은 같으니 각 사람에게 성령을 나타내심은 유익하게 하려 하심이라

- 은사, 직분, 사역, 세 종류로 표현하네요?
- 그렇지. '직분'이라 번역된 말은 개역한글성경에는 '직임'이라고 번역되어 있고, '사역'이라고 번역된 말은 '역사'로 번역되어 있어. 개역개정판보다 개역한글성경 번역이 이 부분은 더 잘되

었던 것 같은데, 명료하지 못하게 번역된 것 같아. 개역한글 번역으로 이야기를 진행하려네. 아까 은사를 무엇이라고 정의했던가?
- "복음 전도와 교회 성장을 위하여 봉사하라고 주시는 성령의 능력"이라고 정의했습니다.
- 그러면 직임은 무엇일 것 같은가?
- 글쎄요?
- 어떤 특별한 능력을 어떤 개인에게 특화하여 주셔서 그 능력을 주로 사용하여 사역하게 하시는 능력을 직임이라고 한다네. 지금 치유를 논하고 있으니 신유의 은사와 신유의 직임을 예로 들어 보세.
- 말씀해 주세요.
- 신유의 은사란 병을 고치는 능력이야. 신유의 은사를 받으면 손을 얹은즉 낫는 역사가 쉽게 일어나지. 그러나 신유의 은사를 경우에 따라 사용은 하지만 그 주 사역이 꼭 치유사역만일 필요는 없어. 가르치는 사역이나 설교사역을 하면서도 신유 은사를 사용하면 되지. 그러나 신유가 직임이 되면 그는 평생 주 사역이 치유사역이 되는 것이야. 혹 설교를 해도 치유설교

가 주를 이루게 되지. 아예 그 은사를 사용하여 사역하는 것이 주 사역이도록 맡기는 것이 직임이라네.

- 아, 그러니까 은사는 주 사역이 치유가 아니고 다른 주 사역을 가지고 있어도 경우에 따라 사용하는 것이고, 신유의 직임이 되면 치유사역이 그 사람의 주 사역이 된다는 말이군요? 그러니까 다시 정리하면 특별한 성령의 능력을 받아 그 능력을 사용하는 것이 주 사역이 되게 하시는 것이 직임이다, 그런 뜻이네요?

- 맞아. 김 목사가 잘 정의했네. 그러니까 안수하여 병자가 낫는 신유의 은사를 받았던 것인데 이것을 오버하여 평생 환자 안수만 하게 되는 줄 알고 반납한 것이니, 얼마나 무지한 일이었나. 한심하지?

- 그러니까 선배님은 신유의 은사를 받아서 가르치는 사역을 하면서도 사용하시면 될 것인데, 직임이 되는 줄로 오해하여서 반납한 것이군요? 반납하시지 말고 내게 양도하시지….

- 양도할 수 있는 것이라면 그랬으면 또한 좋았을 것을. 은사란 양도로 가능한 것이 아니니 김 목사가 하나님께 달라고 매달리게. 우리가 신유의 은사를 받으면 훨씬 좋아. 지난번에 잠시

귀국한 선교사님 부부와 왜목마을 일출 보러 온 적이 있었어. 나는 그때 바닷가에 나가 삼각대와 카메라를 세팅하여 일출을 기다리고 있었는데, 이 선교사 부부가 새벽 바람에 좀 추위를 느꼈던 모양이야. 세워 두었던 차를 이 모래밭으로 끌고 들어왔어.

- 왜 모래밭으로 차를 끌고 와요?
- 추우니까 차 안에서 일출을 감상하려 했던 것 같아.
- 그래서요?
- 그런데 그 차가 모래에 빠져 움직일 수 없게 된 것이야.
- 저런, 무슨 차였는데요?
- 차 중에 제일 작은 소형차 '모닝'이었어.
- 혹시 사륜구동 차면 모를까 모닝을 모래밭에 끌고 왔으니 빠질 수밖에 없었겠지요?
- 여럿이 밀어 봐도 차를 꺼낼 수 없어서 결국 보험사에 연락하고 보험사가 보내는 레커차가 와서 끌어내게 되었지.
- 다행이네요?
- 그런데 그 레커차 기사가 일을 하면서 자주 어깨가 아픈 모양을 하는 것이에요.

- 어디가 아팠던 모양이네요?
- 선교사가 묻더군. "어디 아프세요?" 그러자 그 기사가 "네, 제가 어깨 디스크가 있어 가지고 아이, 고통스럽네요"라고 대답하더라고.
- 그래서요?
- 그러자 선교사님이 "제가 선생님 디스크 고쳐 달라고 기도해 드릴까요?" 묻더군.
- 예수 믿는 기사였나요?
- 그 기사 대답이 "저는 예수 믿는 사람이 아닌데요?" "뭐 믿든 안 믿든 우선은 상관없어요. 제가 좀 만져 드릴게요" 그러더니 어깨를 만지면서 나지막이 기도하더라고.
- 그래서요?
- 그러더니 그 기사가 "어, 안 아픈데요?" 그러면서 어깨를 휘둘러 보더라고. 그러자 선교사님이 "예수님께서 선생님을 고쳤습니다" 그렇게 말하자 그는 "예수님은 나는 모르지만 선생님이 절 고치신 것은 틀림없습니다" 그리 대답하더군.
- 믿지 않는 사람인데, 즉시 나았다고요?
- 그랬어.

- 선교사님은 신유의 은사를 받은 분인 모양이네요?
- 그랬대. 그리고 선교사님이 그 기사에게 복음 제시를 자세하게 하면서 전도하더라고.
- 아, 그러면 전도가 확실히 되겠네요?
- 그래요, 하나님께서는 신유의 은사를 그 자녀들에게 주셔서 이렇게 능력 있게 전도하게 하신단 말이에요.
- 하여튼 신유의 직임을 받은 분은 말할 것도 없이 치유사역을 쉽게 할 수 있고, 신유 은사 받은 분도 두려움 없이 치유사역을 할 것 같은데, 은사도 직임도 없는 일반적인 경우도 치유사역을 해야 하고…. 할 수 있을까요?

❦ 신유의 역사

- 모든 그리스도인들이 다 신유의 은사를 받지는 못하는 것 같거든. 그래서 나는 일단 신유의 은사를 받아서 사용하면 너무 좋다. 그러니 김 목사도 신유의 은사를 받도록 기도하라고. 그러나 신유의 은사가 없다고 치유사역을 못 한다는 생각도 바꾸라고.

- 신유의 은사를 받으면 치유사역에 자신감이 있겠네요? 그렇지만 신유의 은사가 없이는 자신감을 갖기가 어렵지 않나요? 더구나 평신도들이라면 더욱 그렇지요?
- 이보게, 하나님이 살아 계심을 믿나? 하나님은 병도 고치시는 능력이 있음을 믿나? 하나님께서 우리의 기도를 응답하심을 믿기는 하나?
- 적어도 교리적으로는 다 믿지요.
- 교리적인 믿음에서 살아 있는, 산 믿음으로 취하기만 하면 되지. 자 보라고. 하나님이 살아 계시고 병도 고치는 전능자이고 그 전능자가 기도를 응답하시는 하나님임을 믿는 사람들이 모였는데 그중에 병들어 고통받는 자가 있다면 기도해야 되나, 안 해도 되나?
- 기도해야 하겠지요?
- 그렇지. 그러면 치유는 하나님의 성령의 역사로 일어나는 것이야.
- 아, 병 고침의 은사가 없어도 병으로 고통받는 형제를 보고 기도는 하여야 하고 기도하면 성령의 병 고침의 역사를 응답으로 보게 된다는 말씀이군요?

- 그렇지 않은가? 교회는 코이노니아 공동체이고 코이노니아 공동체에서는 한 사람이 고통을 받으면 모두가 함께 고통하고, 한 사람이 영광을 얻으면 모두가 함께 기뻐하게 되는 공동체 아닌가? 그러면 병으로 고통받는 형제를 위한 기도는 당연하고 자연스러운 것이고 하나님의 치유의 응답 또한 자연스럽고 확실한 것 아니겠나?
- 그리 되면 소그룹 안에서나 교회 안에서는 얼마든지 치유사역이 일어나겠는데요? 치유사역을 너무 특별하고 어려운 것으로만 생각했던 것이 겁먹고 치유사역을 못하게 한 원인인 것 같군요? 선배님, 감이 옵니다. 용기도 좀 생겨나고요. 또 다른 깨달음은 뭔가요?

🕊 능력이 먼저가 아니라 사랑이 먼저다

- 그 연장선상에서 우리가 예수님의 병 고침 사역이 능력을 보여주려는 것이 아니라 사랑의 행위였다는 점을 이야기하지 않았나?
- 그랬지요. 그래서 능력이 먼저가 아니라 사랑이 먼저라고 했

지요.
- 교회는 코이노니아 공동체이고 코이노니아는 사랑으로 이루어지고 사랑의 중보기도는 코이노니아를 이루는 중요한 요소이므로 능력은 없어도 사랑의 간절함으로 기도할 수는 있지 아니한가? 치유사역을 능력으로 접근하지 말고 사랑으로 접근해 보자는 것일세. '사랑하기 때문에 기도하자. 그러면 하나님도 우리를 사랑하기 때문에 응답하실 것이다. 그러므로 병 고침도 성령의 역사로 일어나는 것이다' 그렇게 생각되더라고.

교회의 치유는 신유 즉 하나님의 치유다

- 그리고 또 하나의 원리는 같은 것을 다른 각도에서 본 이야기이지만 우리가 말하는 교회에서의 치유는 신유, 즉 하나님이 행하시는 치유라는 점이지. 병을 고치는 것은 내가 아니고 하나님이야. 전적으로 하나님에게 의존되어 있는 치유거든.
- 그래서요?
- 그런데 마치 내가 고치는 것처럼 생각하니까 나는 능력이 없어서 못 한다는 생각을 하게 되는 것인데 '고치는 것은 하나님이

하시고 우리는 기도하는 것이다' 이렇게 생각하면 쉽게 접근이 가능하고 또 반드시 해야 하는 것이 되기도 하지.

사도행전에서 베드로 사도가 날 때부터 못 걷는 사람을 일으킨 후 사람들이 놀라며 베드로와 사도들을 에워싸고 난리 치자 베드로가 사람들에게 한 말이 큰 실마리가 되었어.

> 행 3:12 베드로가 이것을 보고 백성에게 말하되 이스라엘 사람들아 이 일을 왜 놀랍게 여기느냐 우리 개인의 권능과 경건으로 이 사람을 걷게 한 것처럼 왜 우리를 주목하느냐

- 우리 개인의 권능과 경건으로 이루어진 것이 아니라고 말하네요?
- 그렇지? 그런데 잘 보라고. 병 고침의 역사가 베드로 개인의 권능으로 이루어진 것이 아닐 뿐 아니라 개인의 경건으로 이루어진 것도 아니라고 말하지 않는가? 우리는 보통 이렇게 생각하지. '아이 뭐, 내가 신유의 은사도 없고 기도를 많이 하는 사람도 못 되는데 내가 기도한다고 병자가 낫겠나?' 이렇게 생각하기 때문에 아예 병 고침의 사역은 고사하고 기도조차도 시

도하지 않거나 기도해도 그냥 '먼 훗날에 응답하실지도 모르지' 하면서 기도하는 모습이 아니던가?
- 그런데 병 고침의 역사가 베드로 자신의 권능이 아니요 베드로가 기도 많이 하는 경건한 사람이라 가능했던 것도 아니요 전적으로 예수 이름의 권세요 하나님의 은혜의 역사라고 말하고 있는 것이군요?
- 그렇지 않은가? 그러니 '나 같은 사람도 용기를 내어 전적으로 하나님을 믿고 기도해 보자', 그런 용기가 나게 된 것이라네. 기도했는데 설령 안 낫는다 해도 그것은 내 능력 밖의 일이고 내 책임도 아니지. 나는 기도했고, 고치고 안 고치는 것은 하나님이 하실 일이지. 안 낫는 것이 내 책임은 아니니까 기도하기도 전에 '기도하고도 안 나으면 어쩌지?' 하는 두려움에 사로잡히지 말아야겠다는 생각이 용기를 주더라고.
- 꼭 제 마음을 알고 저보고 하시는 말씀 같아요?
- 아마 수치로 나타내기 어렵지만 적어도 90퍼센트 이상의 평신도들과 60퍼센트 이상의 목회자들의 생각을 대변한다고 보아야겠지? 하나님은 바로 이러한 평범한 목회자와 성도들을 염려하는 마음으로 이 문제에 접근하도록 인도해 주셨어. 그래

서 내가 말하는 치유사역은 특별한 은사를 받은 사람들만 할 수 있는 것이 아니라 누구라도 할 수 있는, 어느 교회에서도 할 수 있고 어느 코이노니아 모임에서도 할 수 있는 치유사역의 가능성을 열어주는 것이었어.
- 그래, 적용하여 경험하신 것이 있나요?

❦ 치유사역의 소그룹 적용

- 내가 운영하던 바나바훈련원에서 바로 적용하기 시작했지. 초기에는 훈련생이 많지 않고 아마 그때 15명 정도이니까 둘러앉아서 공부도 하고 기도도 하던 시절이니 자연스러운 소그룹 모임 같았지.
- 그래서 처음 소그룹에 적용하신 셈이네요?
- 그랬지. 하루는 내 강의하고 나서 각자 기도제목을 나누는데, 한 여전도사님이 (그때 50대쯤이었나?) 유방암 판정을 받고 수술 날짜를 받아 놓고 왔는데, 수술이 잘되어 치료 잘되도록 기도해 달라고 기도제목을 내어 놓았어요.
- 고침받게 기도해 달라는 게 아니고 수술이 잘되게 해달라고

기도해 달라는 것이에요?

- 그러더라고. 그래서 내가 용기를 내어 "여러분, 우리 전도사님 일단 오늘 유방암 질병을 고쳐 달라고 하나님께 기도합시다." 그리 말하고 모두 일어나 그분에게 사랑의 손을 얹고 간절한 부르짖음으로 함께 기도했지.

- 통성기도를 했나요?

- 응, 통성기도한 다음에 감사기도로 내가 마무리 기도를 하였지. 기도를 마치자 '아멘' 하면서 그 전도사님이 그냥 무슨 믿음이 왔는지 선포하더라고. "주님께서 오늘 저를 치료하셨습니다. 여러분, 감사합니다. 여러분의 기도에 주님께서 응답하셨습니다. 할렐루야."

- 환자 본인이 그렇게 선포해요?

- 응, 그러더라고. 훈련원에서는 한 달에 한번씩 모여 3박 4일씩 훈련하니까. 그러고는 집으로 돌아갔고 한 달 후에 다시 모였는데 그 전도사님이 건축헌금이라며 헌금을 준비해 오셨더군. 수술 날짜에 병원에 가서 다시 한번 확인한 후에 수술하게 요청해서 재검사를 하게 되었는데, 의사들이 믿어지지 않는다며 모두 놀라며 하는 말이 암이 흔적 없이 사라졌다고 하더래.

그래서 수술비, 병원 입원비 준비해 놓았던 것 바나바훈련원 건축헌금으로 가져왔다며 드리더라고.
- 그때 선배님이 안수 기도한 것이 아니고 훈련생들과 함께 기도했다고 하셨나요?
- 그랬어. 그 뒤로 우리는 용기를 더 얻었고 우리 훈련원에서는 강의하다가도 아픈 사람이 보이면 강의를 중단하고 고쳐 달라고 사랑의 중보기도를 하는 게 우리의 문화처럼 되었지. 치유사역을 특별한 사역으로 생각하지 말고 소그룹 모임에서부터 하고, 금요 심야 기도회에서 하고, 이렇게 하다가 점차 전체 예배에서도 시행하여 보게.
- 아, 그래야겠네요.
- 한번은 훈련원이 청주로 이사한 후에 규모가 조금 커져서 약 30명이 훈련을 하게 되었는데, 강의하다 보니 목사 한 분이 어디가 아픈지 몸을 뒤틀고 아픈 표정이 역력하여 물었지.

"목사님, 어디 편치 않으십니까?"

"네, 이틀 전부터 아파서 병원에 갔는데 대상포진이래요. 고통스러운데 그래도 훈련받을 욕심으로 오기는 했는데 힘드네요."

그러는 거야. 그래서 강의를 멈추고 "여러분, 공부도 좋지만 지체 한 분이 고통 중인데 먼저 하나님께 고쳐 달라고 기도부터 합시다." 그러고는 그분에게 가까이 앉아 있던 분들은 직접 손을 얹고 나머지는 그분을 향하여 손을 펴고 통성기도로 부르짖고 기도했지. 물론 마무리 기도는 내가 하고.…

- 그래서 즉시 나았나요?
- 안 아프다며 강의 다 듣고 그날 훈련이 잘 진행되었지. 그런데 다음 날 아침 다시 강의 시간이 되었는데, 그분 표정이 또 어둡고 불편한 표정이에요. 그래서 내가 물었지. "목사님, 아직도 아프신가 봐요?" 그랬더니 대답이 "어제는 나았는데, 오늘 아침 또 아프네요? 죄송해요"라는 것이었지.
- 난감했겠군요?
- 난감하기야, 뭐, 그럴 경우도 있는 거지. 그래서 "오늘 다시금 기도해야 하겠네요?" 하고는 또다시 합심하여 사랑의 간절함을 쏟아부으며 더 열심히 기도했지. 그랬더니 또 괜찮다며 훈련에 임했어요.
- 이제는 완전히 나은 것이던가요?
- 다음 날 아침 다시 강의하러 나갔는데 그분이 또 불편해 보여요. 다시 물었지.

"목사님 아직도 아프세요?"

"어제 기도받고 괜찮았거든요? 그런데 오늘 아침 일어나니 또 아파요. 정말 죄송합니다."

- 기도하면 하루만 견딜 힘을 주셨나 보네요?
- 그랬는지? 그러나 나는 실망하지 않고 또 했지.

"여러분 오늘 다시 기도합시다. 우리의 믿음이 부족했는지, 사랑이 부족했는지, 아니면 더 큰 은혜를 경험하게 하시려는지, 이 목사님 완치가 안 된 것 같으니 오늘은 정말로 더 사랑을 쏟아부으며 눈물로 기도하기로 합시다."

그리고 다시 기도하였는데 그날 나도 눈물로 기도하게 되었고 많은 형제들이 눈물을 경험하며 기도하게 되었어요. 성령의 역사를 공동으로 경험하면서 기도 속에 들어가는 경험을 한 것이야. 그리고 나서는 더 이상 아프지 않았고 그 목사님은 이 성령의 치유를 경험하고는 바나바 전도사가 되었어. 후배 목사들 만나면 바나바훈련 받으러 가라고 권하게 되었단 말이지.

- 더 깊은 사랑의 눈물 기도를 경험하게 하시느라고 여러 차례 기도하게 하신 모양이네요?

- 그랬나 봐. 훈련원이 커지고 훈련생 숫자가 늘어나서 60명씩 훈련하게 되자 강의는 60명 상대로 한꺼번에 하지만 10명씩 조를 짜서 소그룹 모임을 갖게 하고 소그룹에서 기도 제목을 나누고 기도하게 지도하였지. 소그룹에서도 서로 치유를 위한 기도를 반드시 하게 지도했고 그 코이노니아 소그룹에서 병 고침 받은 간증이 수없이 나오게 되었다네.
- 중요한 것은 신유의 은사가 있느냐 없느냐 따지지 말고 성령의 응답의 역사를 믿고 지체를 사랑하는 마음으로 형제의 질병을 함께 짊어지고 하나님께 부르짖어 기도하는 일이 중요하겠군요.

3.
왜 공동체적인 기도인가?

- 선배님, 그런데 이 치유기도가 개인기도보다 공동체적 기도여야 함을 강조하시는 것 같은데, 그렇게 된 이유가 있나요?
- 내가 또 하나 숙제로 느끼고 있던 게 있는데, 내가 직접 목회를 했으면 이런 게 안 보였을지 모르는데 내가 평신도처럼 다른 분이 인도하는 예배에 참여하는 경험을 하다 보니 하나 풀리지 않는 숙제 같은 질문이 있었어.
- 또 무슨 숙제인데요? 선배님이 숙제의식을 갖게 되는 것은 저희에게는 좋은 일 같아요. 숙제를 풀어 우리에게 가르쳐주는 경우가 되니까요. 그래 그 숙제가 무엇이었나요?
- 예배 광고 시간에 "○○○ 집사님께서 간암으로 고생하니 기

도해 주시기 바랍니다" 그렇게 광고하는 경우, 이 광고를 듣고 기도하는 사람이 얼마나 있을까? 있기는 하겠지만 여전히 개인 기도 아닌가? 광고만 하지 말고 함께 기도하는 시간을 갖고 부르짖어 기도하면 안 될까? 그런 의문이었어.

- 아이고 선배님, 그렇게 성도들 하나하나 기도하려면 예배 시간이 얼마나 길어질지 모르지요? 그러다가는 12시에 못 끝내요. 그러면 또 난리나요.

- 그러니까 더욱 고민스러운 숙제이지. 과연 예배란 무엇인가? 예배는 형식을 맞추어 시간을 맞추어 의식을 행하는 것인가? 우리의 예배는 하나님 추도 예배인가, 살아 계신 하나님 믿고 경외하며 교통하고 기도하는 예배인가? 광고 공동체인가, 기도 공동체인가? 예배에 살아 계신 하나님을 모시기는 하는 것인가? 고통하는 환자를 두고 공동체는 언제 기도할 것인가? 마음 복잡한 숙제를 안고 씨름하게 하더란 말일세.

- 그래 어떤 결론을 얻었나요?

- 교회의 공동체성에 대한 각성을 많이 하는 계기가 되었다네. 김 목사, 공동체성이 왜 중요한지 알겠는가?

- 갑자기 훅 치고 들어오는 질문에 당황스럽습니다. 깨달으신

바를 가르쳐 주세요.

❦ 공동체적 인간 본질

- 첫째는 하나님께서 창조한 인간 본질이 공동체적 인간이라는 데서부터 각성을 하게 되더군. 창세기에 가서 하나님이 창조하신 인간에 대한 이해부터 해 보자고.
- 태초에 창조한 인간이 어떤 인간인데요?

> 창 1:26-28 하나님이 이르시되 우리의 형상을 따라 우리의 모양대로 우리가 사람을 만들고 그들로 바다의 물고기와 하늘의 새와 가축과 온 땅과 땅에 기는 모든 것을 다스리게 하자 하시고 하나님이 자기 형상 곧 하나님의 형상대로 사람을 창조하시되 남자와 여자를 창조하시고 하나님이 그들에게 복을 주시며 하나님이 그들에게 이르시되 생육하고 번성하여 땅에 충만하라, 땅을 정복하라, 바다의 물고기와 하늘의 새와 땅에 움직이는 모든 생물을 다스리라 하시니라

- 이 말씀에서 하나님이 태초에 창조한 인간이 어떤 인간인지 찾아보라고.
- 하나님의 형상이 중요하겠지요?
- 인간이 하나님을 닮은 하나님 형상으로 지은 바 되었다는 것이 무엇을 암시하는 것 같은가?
- 하나님과 관계 속에 살아가는 존재를 암시하는 것 같은데요?
- 맞지, 특히 여기 심각한 진리가 있어. 하나님의 형상인데 어떤 형상이라던가?
- 어떤 형상이냐고요? 아, '우리' 형상을 말씀하시나요?
- 그래 맞아, 하나님의 우리 이미지로 인간을 창조하셨다는 점이 대단히 중요한 것 같지 않나? 여기서 말하는 '우리'가 누구인 것 같나?
- 글쎄요? 하나님이 누구랑 토의하시고 협의하시네요. 천사들과 협의하셨나요?
- 신학교에서 뭐라 배웠던가?
- 뭐, 기억도 안 나는데요. 만물을 다스리는 정치적 형상, 선악을 구분하는 도덕적 형상, 사회를 형성하는 인격적 형상, 성령으로 교통하는 영적 형상 등 이야기한 것 같은데 '우리' 형상

에는 주목하지 않았던 것 같은데요?

— 그래. 이 '우리'가 누구인가에 대한 해석은 보통 세 가지로 나오는 것 같던데, 하나는 이 복수는 실제 숫자가 복수가 아니라 경외의 복수라고 해석하는 경우이지.

— 맞아요. 그런 강의 들은 것 같아요. 어떤 이는 간혹 여기의 우리가 천사들과 협의하는 것이라고 해석하는 경우도 있다고 했던 것 같아요.

— 마지막 하나는 삼위일체 하나님이라고 해석하는 경우이지. 나는 세 번째 견해에 동의하는 편인데 그래야 성경 전체의 퍼즐이 풀린다네. 하나님은 삼위일체 하나님이어서 완전한 하나님이고 고독하지도 않은 분이고 자존할 수 있는 분인데 그 공동체성의 '우리' 이미지로 인간을 창조하셔서 인간도 삼위일체적 관계 속에 살게 하신 것이지. 하나님은 자신 안에 삼위일체로 계시지만 인간은 피조물로서 관계의 삼위일체로 살게 하신 것이야. 즉 하나님과 나 그리고 나와 너가 하나의 공동체적 친교를 이루며 살게 하신 것이야.

— 그러니까 인간은 본래부터 혼자 사는 존재가 아니고 함께 사는 존재네요. 나와 너가 함께, 또 하나님과 함께 교통하며 교

제하는 코이노니아로 살게 된 것이네요?
- 그렇다네. 그런데 인간이 타락하여 하나님과의 코이노니아 관계가 깨지고 너와 나의 코이노니아도 깨지고 망가진 것이지. 원래는 네가 있어 내가 있고, 하나님이 계셔서 내가 있는 그런 존재였거든. 그래서 예수님이 우리를 구원하시고 회복하시는 것도 이 망가진 코이노니아를 이어 회복하는 것이 아니던가? 서구 신학이 개인주의 영향을 받아 단선적 구원론 신학이 발전한 셈이지만 구원은 공동체성 회복으로 완성되는 것이었어.

공동체적 새 인간

> 엡 2:14-19 그는 우리의 화평이신지라 둘로 하나를 만드사 원수 된 것 곧 중간에 막힌 담을 자기 육체로 허시고 법조문으로 된 계명의 율법을 폐하셨으니 이는 이 둘로 자기 안에서 한 새 사람을 지어 화평하게 하시고 또 십자가로 이 둘을 한 몸으로 하나님과 화목하게 하려 하심이라 원수 된 것을 십자가로 소멸하시고 또 오셔서 먼 데 있는 너희에게 평안을 전하시고 가까운 데 있는 자들에게 평안을 전하셨으니 이는 그로 말미

암아 우리 둘이 한 성령 안에서 아버지께 나아감을 얻게 하려 하심이라 그러므로 이제부터 너희는 외인도 아니요 나그네도 아니요 오직 성도들과 동일한 시민이요 하나님의 권속이라

- 이 말씀에 보면 예수님의 구원 사역이 둘로 자기 안에서 한 새 사람을 지어 화평하게 하시고 십자가로 이 둘을 한 몸으로 하나님과 화목하게 하려는 것이라고, 둘이 하나 되고 하나님과도 하나되는 코이노니아의 회복을 말씀하고 있네요.
- 그렇지. 그래서 예수님이 회복시키는 새 인간(New humanity)은 공동체적 인간이라네. 그리고 이 하나 됨을 위한 예수님의 기도는 간절하다 못해 처절한 느낌까지 준다네.

> 요 17:21-23 아버지여, 아버지께서 내 안에, 내가 아버지 안에 있는 것같이 그들도 다 하나가 되어 우리 안에 있게 하사 세상으로 아버지께서 나를 보내신 것을 믿게 하옵소서 내게 주신 영광을 내가 그들에게 주었사오니 이는 우리가 하나가 된 것같이 그들도 하나가 되게 하려 함이니이다 곧 내가 그들 안에 있고 아버지께서 내 안에 계시어 그들로 온전함을 이

루어 하나가 되게 하려 함은 아버지께서 나를 보내신 것과 또 나를 사랑하심같이 그들도 사랑하신 것을 세상으로 알게 하려 함이로소이다

- 하나가 되게 하려는데, 제자들이 하나 될 뿐 아니라 하나님과도 하나 된, 결국 성령 안에서 하나 된 공동체로서 교회가 되기를 위하여 기도했다고 보아야 하지 않겠는가?
- 이 기도를 이루는 것이 교회라는 공동체를 세우는 것이었겠네요?

교회는 코이노니아 공동체적 인간을 실현하는 장

고전 12:12-13 몸은 하나인데 많은 지체가 있고 몸의 지체가 많으나 한 몸임과 같이 그리스도도 그러하니라 우리가 유대인이나 헬라인이나 종이나 자유인이나 다 한 성령으로 세례를 받아 한 몸이 되었고 또 다 한 성령을 마시게 하셨느니라

- 예수님의 기도를 이루기 위하여 세우신 공동체가 교회이고,

교회는 공동체라는 본질적 인간을 회복하는 공동체가 되는 것이지. 그래서 앞에서 예수 안에서 새 사람이란 공동체적 코이노니아 인간을 의미하고 공동체적으로 살아가는 것이 그리스도인, 아니 구원받은 인간의 모습이라는 것이지.

- 원래 창조된 인간이 공동체적인 코이노니아 인간이고 구원되어 회복하는 새 인간이 코이노니아 인간이요, 교회는 공동체적 코이노니아를 본질로 하는 한 몸이라는 것이지요?
- 그렇다네. 그러므로 이제 한 지체가 고통을 받으면 함께 아파하고 한 지체가 영광을 얻으면 함께 기뻐하는 그러한 공동체가 교회인 것이지.

> 고전 12:26-27 만일 한 지체가 고통을 받으면 모든 지체가 함께 고통을 받고 한 지체가 영광을 얻으면 모든 지체가 함께 즐거워하느니라 너희는 그리스도의 몸이요 지체의 각 부분이라

- 여기서 그러므로 한 지체가 병들어 고통하는 것을 보고 함께 아파하면서 기도하는 것이 당연한 반응이어야 한다는 것이지요? 그래서 치유는 각자 기도하게 하기보다는 공동체로서 함

께 기도해야 한다는 각성이셨군요?
- 그랬지. 그리고 하나님께서 우리가 서로 사랑하며 하나 되어 기도하기를 얼마나 기뻐하시고 하나 된 우리와 만나기를 원하시는지를 느끼게 하는 언약의 말씀도 있지.
- 그것은 무슨 말씀인데요?
- 마태복음에 이런 말씀, 이런 언약이 있지.

> 마 18:19-20 진실로 다시 너희에게 이르노니 너희 중의 두 사람이 땅에서 합심하여 무엇이든지 구하면 하늘에 계신 내 아버지께서 그들을 위하여 이루게 하시리라 두세 사람이 내 이름으로 모인 곳에는 나도 그들 중에 있느니라

- 두 사람이 합심하여 기도하면 무엇이든지 이루게 하신다는 약속이군요? 여기 꼭 두 사람씩 짝기도하는 것을 의미하는 것은 아니겠지요?
- 에이 설마? 두 사람 이상의 복수가 공동체로 하나 되어 기도하는 것을 의미하는 말씀이겠지? '합심', 마음을 같이하여 드리는 공동체적 기도의 중요성을 말씀하시는 것이라고 생각하네.

20절에 두세 사람이란 말이 또 나오지 않는가? 두 사람은 공동체를 이루는 기본 단위이니까 결국 두 사람, 두세 사람, 복수의 성도들이 합심하여 공동체적으로 기도하면 응답하신다는 언약이지.
- 그런 것 같네요.
- 그리고 더 중요한 게 있어.
- 더 중요한 것이 무엇인데요?
- 두세 사람이 모인 곳에는 나도 그들 중에 있다고 하시지?
- 아하, 대단한 언약인데요? 두세 사람이 공동체적으로 기도하는 곳에 주님께서 임재하신다는 언약 아닙니까?
- 맞아, 김 목사 눈이 번뜩 뜨이는 것 같네.
- 우와, 그러면 코이노니아가 완성되는 그림인데요? 진정한 코이노니아는 나와 너가 하나 되고 주님과도 하나 되는 삼위일체적 코이노니아라고 했지 않나요?
- 바로 그 말씀이야. 그러니까 보자고. 환자의 치유를 위하여 교회가 합심하여 공동체적으로 기도하면 거기에 주님이 오시네. 성령으로 임재하여 오시겠지. 그게 온전한 코이노니아를 이루는 교회공동체인 셈이지.

- 임재하여 오신 주님께서도 환자의 고통을 공감하시고 중보기도자들의 눈물 어린 기도를 들으시며 응답하시고 치유하시는 것이군요?
- 맞는 말씀. 그래서 감격스러운 공동체, 함께 기뻐하는 공동체 경험을 이룬다네.
- 그러니 환자를 위한 공동체적 기도는 고침받는 환자에게만 복이요 기쁨이 아니라, 기도하는 공동체 전체의 기쁨이요 감격이 되겠군요?
- 그렇고 말고

공동체 실재 체험과정

- 그러니 "환자가 있으니 기도해 주시기 바랍니다" 하는 광고로 그칠 게 아니라 함께 기도하여야 진정한 공동체 경험을 하며 감격스러운 교회 생활이 경험되는 것이군요?
- 그러지 않겠나?
- 아 네, 공동체성을 회복해야겠군요? 치유를 위하여 공동체적으로 기도하는 훈련은 공동체를 경험하는 지름길이 되기도 하겠네요? 그러면 이제 과제는 어떻게 공동체적으로 기도하는 것이냐 하는 것인데, 어떤 모델이나 샘플 같은 게 있을까요?

4.
치유를 위한
공동체적 기도의 모델

- 나는 마가복음 2:1-12에서 공동체적 기도의 모델을 발견하게 되었는데 한번 살펴볼까?

> 막 2:1-12 수 일 후에 예수께서 다시 가버나움에 들어가시니 집에 계시다는 소문이 들린지라 많은 사람이 모여서 문 앞까지도 들어설 자리가 없게 되었는데 예수께서 그들에게 도를 말씀하시더니 사람들이 한 중풍병자를 네 사람에게 메워 가지고 예수께로 올새 무리들 때문에 예수께 데려갈 수 없으므로 그 계신 곳의 지붕을 뜯어 구멍을 내고 중풍병자가 누운 상을 달아 내리니 예수께서 그들의 믿음을 보시고 중풍병자

에게 이르시되 작은 자야 네 죄 사함을 받았느니라 하시니 어떤 서기관들이 거기 앉아서 마음에 생각하기를 이 사람이 어찌 이렇게 말하는가 신성 모독이로다 오직 하나님 한 분 외에는 누가 능히 죄를 사하겠느냐 그들이 속으로 이렇게 생각하는 줄을 예수께서 곧 중심에 아시고 이르시되 어찌하여 이것을 마음에 생각하느냐 중풍병자에게 네 죄 사함을 받았느니라 하는 말과 일어나 네 상을 가지고 걸어가라 하는 말 중에서 어느 것이 쉽겠느냐 그러나 인자가 땅에서 죄를 사하는 권세가 있는 줄을 너희로 알게 하려 하노라 하시고 중풍병자에게 말씀하시되 내가 네게 이르노니 일어나 네 상을 가지고 집으로 가라 하시니 그가 일어나 곧 상을 가지고 모든 사람 앞에서 나가거늘 그들이 다 놀라 하나님께 영광을 돌리며 이르되 우리가 이런 일을 도무지 보지 못하였다 하더라

- 중풍병자를 치유하는 이야기네요?
- 그렇지? 뭐가 보이는가?
- '사람들'이라는, 복수의 사람들이, 네 사람에게 중풍병자를 메어 가지고 예수님께로 가네요? 이것이 힌트인가요?

- 잘 찾았네 그려. 우리가 교회에서도 환자를 보거든 버려 두거나 기도해 달라고 광고를 할게 아니고 함께 메고 예수님께로 가야 하지 않겠나?

❦ 환자를 함께 메고 주님께로

- 이야, 기가 막힌 비유가 되네요? "함께 환자를 메고 주님께로 가자." 함께 메는 마음으로 그 아픔을 함께 메고 주님께 부르 짖어 기도하면 되겠군요?
- 그렇지 않겠나? 병자를 고치는 것은 주님이시고 우리는 환자를 메고 주님께로 가는 중보의 기도자들이 되는 것이야. 그리고 그다음을 주목해 보라고.
- 뭐를 주목해요?
- 주님께서 "저희의 믿음을 보시고" 고치시는데 누구의 믿음을 보신 것인가? 환자의 믿음을 보신 것인가? 메고 간 친구들의 믿음을 보신 것인가?
- 메고 간 친구들의 믿음을 보신 것 같은데요?
- 그렇지? 환자는 고침받아야 할 대상일 뿐 믿음이 없는가, 있는

가 따질 게 아니고 다만 기도자들이 믿음을 가지고 사랑을 가지고 기도할 일이야.
- 그렇다면 환자가 불신자일지라도 기도해야 하나요?
- 물론이지. 기도받으러 왔다는 사실 하나만 가지고도 기도해 주어야지. 물론 기도받겠다는 환자가 예수를 믿으면 가장 좋은 것이지만 기도자들의 믿음을 보시고 응답하시는 주님이니까 적어도 기도받겠다는 경우라면 믿음의 걸음이 시작된 것으로 보고 우리의 믿음으로 기도해야 한다고 생각해. 그래서 기도하여 치유가 되면 당연히 복음 제시도 하고 믿도록 전도하고 도와주어야지.
- 내가 갈릴리 기도원에서 지낼 때 거기 계신 전도사님을 전도훈련을 시켜 주기로 하고 매주 금요일마다 마을로 전도하러 나갔거든.
- 갈릴리기도원에서 전도훈련도 하셨어요? 갈릴리가 사역이 시작되는 곳이기는 했네요?
- 그렇네? 처음에는 금요일마다 마을에서 전도사님 데리고 전도 훈련 나가다가 나중에는 주일 오후에 대전역에 가서 전도 훈련을 한 번 더 하곤 했어. 그러던 어느날 마을 전도를 나갔는

데 50대 후반쯤 되는 아저씨가 집에 누워 계신 것을 발견했어.
- 무슨 환자였는데요?
- 소가 끄는 수레를 몰고 좁은 농로를 가다가 수레와 더불어 언덕으로 굴러 넘어지면서 허리를 펴지 못한다고 누워 있더라고. 그때 내가 신유 은사를 반납하기 전이어서 용기를 내어 치유를 위하여 기도해 드리고 싶은데 기도를 받겠느냐고 물었더니 기도해 달라고 하더라고. 그래서 전도사님이랑 함께 손을 얹고 간절히 기도했지.
- 그래 어찌 되었나요?
- 어찌 되었을 것 같은가?
- 응답되지 않았으면 이야기를 시작하지 않았겠지요?
- 이 친구 눈치는 빨라 가지고. 기도 끝나자 이 아저씨가 벌떡 일어나더니 기뻐하면서 뭘 대접해야 하는데 없다며 찾더니 냉수 한 그릇 떠다 주더라고. 그래서 우리는 복음을 전했고 그분은 예수 믿기로 결신했다네.
- 예수님이 제자들에게 말씀하신 대로 병을 고치며 복음을 전하는 경험을 하셨네요? 그런데 그 소중한 신유의 은사를 왜 반납하셨단 말입니까?

- 그러니까 무식하면 안 되어요. 신학대학에서 이런 은사에 대하여 배운 게 전무한지라 정말 성경의 진리와 원리들을 잘 모르게 되었던 것이 아쉽지. 김 목사, 이 성경 이야기 속에서 뭐 발견되는 원리가 또 없나?
- 지붕을 뜯는 이야기가 나오는데요, 이것은 의미하거나 시사하는 바가 무엇일까요?

포기하지 말고 기도하라

- 김 목사 관찰력이 세밀하군. 지붕을 뚫는 이야기가 시사하는 바가 무엇인 것 같나?
- 아, '포기하지 말라, 그리고 값을 지불하라' 그런 이미지가 오는데요?
- 원더풀, 대단한 관찰력이요 상상력이요 이해력이야. 그렇지? 막상 예수님께 가까이 와보니 예수님 주변에 사람들이 너무 많아 환자를 예수님 눈앞에 데려갈 수 없는 지경이라. 여기서 포기했으면 그간의 수고가 헛되었을 것 아닌가? 그런데 환자를 메어 온 친구들은 포기할 수가 없었던 것이야. 지붕으로 끌

고 올라갔고 지붕을 뜯어내고 마침내 환자를 예수님 면전에 달아 내리게 되었지.

− 그러니까요. 어떤 방해나 장애도 포기하지 말라는 메시지가 들리는 것 같고요. 또 지붕을 뚫을 때는 지붕을 고쳐 주는 것까지 계산했을 것 아닙니까? 그러니 희생과 보상을 다 계산하고 값을 지불하는 행동을 한 것이니 보통 사랑과 정성이 아닐 수 없지요?

− 그래 그거야. 그래서 내가 치유를 위해 기도하는 일을 가르칠 때마다 강조하는 것이 있지. "절대로 포기하지 말라. 나을 때까지, 응답될 때까지 부르짖어 기도하라" 하는 것과 값을 지불하는 마음으로 "땀을 흘리든지 눈물을 흘리든지" 하면서 기도하라고 한다네.

− 아, 그 말씀 감동되네요. 응답될 때까지 포기하지 말고 기도하자. 땀을 흘리든지 눈물을 흘리든지 하면서 기도하면 응답 안 될 수 없을 것 같습니다.

− 내가 여러 해 전에 태국 방콕에서 태국 목회자를 위해 코미멀 세미나를 한 적이 있지. 그때 코랏이라는 태국 제2도시에서 목회하는 ○○○ 목사님이 참석하시고 큰 도전을 받아 그분이

코랏 도시 목회자를 모아 놓고 초청해서 여러 차례 가서 코미멀 세미나를 하였다네.

- 코미멀이 무엇이지요?
- 코이노니아, 미션, 멀티플리케이션의 첫 발음 코, 미, 멀인데 코이노니아 원리와 그 에너지를 미션으로 발전시키는, 즉 전도로 이끄는 원리 그리고 코이노니아 소그룹과 전도를 증폭시키는 원리, 전체적으로는 소그룹 부흥의 원리를 다룬 것이었어.
- 태국에서 일어난 간증인가 보지요?
- 맞아. 그 교회는 당시 개척된 지 28년 된 교회였는데 약 30여 명 성도가 예배하는 교회였어. 담임 목사님이 코이노니아 원리에 탄복하며 내가 가르친 대로 교회 목회를 하게 되었고 첫해에 소그룹 3개를 만들고 지도했다더군.
- 그런데요? 대부흥을 했나요?
- 소그룹 원리 가운데 사랑의 중보기도라는 것을 매우 중요하게 여기지. 소그룹에서는 각자의 기도 제목을 나누고 서로 사랑하는 마음을 모아서 모든 짐이 해결될 때까지 함께 기도하는 일을 하게 하는 것이야. 그런데 환자가 병을 호소하며 기도 제목을 내면 그것은 자연히 치유기도가 되는 것이지. 그런데 세

그룹에서 각각 질병 기도 제목이 나왔다는군.
- 어떤 질병인데요?
- 한 그룹에서는 간암 환자가 있었던 것이야. 다른 그룹에서는 늙지도 않았는데 귀가 안 들리는 난청환자가 있었고, 다른 한 그룹에서는 남편이 알코올 중독환자가 있었고….
- 그들의 치유를 위해서 다들 기도했겠네요?
- 그랬대. 나을 때까지 응답될 때까지 기도하기로 작정하고 모일 때마다 부르짖고 기도하였다더군.
- 그래 세 경우 다 응답되었나요?
- 쉽게 응답을 보지 못했는데 그래도 포기하지 않고 기도하기로 하여 가슴 찢으며 기도했더니 4개월 만에 간암환자의 암세포가 흔적 없이 다 사라지는 응답을 받았고 5개월 기도하자 난청 환자의 귀가 열렸고, 6개월 기도하자 알코올중독 환자도 치유되고 예수 믿고 가정 천국을 이루게 되었다는군.
- 약 반년씩 응답되지 않으나 응답될 때까지 기도하기로 작정하고 부르짖고 땀 흘리고 눈물 흘리는 공동체의 모습이 그림처럼 그려지네요.
- 그렇지? 그리 되자 무슨 일이 일어나는가 하면, 암 환자였던

분은 암 환자들에게 간증하며 암 환자들을 구역으로 데리고 와 또 기도하게 되고 교회로 데리고 오는 전도가 일어나고, 난청 환자였던 사람은 많은 장애인들 데리고 와서 기도하고 전도하고, 알코올중독에서 고침받은 성도는 술꾼들 모두 몰아와서 기도하고 전도하면서 교회가 부흥하게 되었는데 가히 기적적인 성장을 경험하였다네. 어느 정도 성장했을 것 같은 예감이 드나?

- 글쎄요. 어느 정도 기간에 어느 정도 성장을 경험했나요?
- 만 3년 만에 소그룹은 3개에서 16개로 성장하고 출석 인원은 30명에서 90명이 되었다네.
- 우와, 그 정도나요?
- 물론 코미멀 전체 원리가 작동된 것이지만 적어도 치유기도가 가장 결정적인 역할을 했다고 해도 과언은 아닐 것일세.
- 포기하지 말고 기도하라. 응답될 때까지 기도하라. 지붕을 뚫어라. 값을 지불하라. 땀을 흘리든지 눈물을 흘리든지 하라. 그런 이야기를 할 수 있겠군요?
- 원더풀, 김 목사, 또 다른 원리는 발견되는 게 없는가?

❧ 환자에겐 죄가 없다

- 원리라기보다 의문이 하나 있습니다.
- 의문은 무슨 의문?
- 여기서 예수님은 갑자기 왜 "네 죄사함을 받았느니라"고 선언하지요? 환자가 회개하고 예수님이 죄 사함을 선포하고 하는 과정도 아닌데 말입니다. 이게 뭐하는 것이지요?
- 그게 얼른 이해가 안 되지? 주변 사람들은 또 엉뚱하게 죄 사하는 권세가 예수께 있느냐는 시비로 수근대고. 김 목사가 본 대로 이것은 환자가 회개하거나 죄를 고백하고 예수님이 사죄를 선포하는 과정도 아니지? 사실은 이 과정이 치유 과정이라네.
- 뭘 어떻게 치유하는 것인가요?
- 당시에 유대인들에게는 중한 질병은 중한 죄의 결과로 받는 형벌이라는 인식의 문화가 팽배했다네. 그러니까 이 중풍병자는 중병에 걸린 이후 지금까지 주변 사람들의 정죄하는 시선과 수근거림으로 받아온 상처가 크다는 것이야. 몸이 마비된 것 못지않게 마음에 상처받고, 내적 질병으로 알

수 없는 죄책감과 수치감으로 짓눌려 있는 그 환자의 내면을 보시고 내적 치유를 행하고 계신 것이라네.

- 네? 내적 치유라고요? 선배님, 어떻게 그런 차원까지 깨달으셨어요? 우와!

- 놀라기는. 나도 처음엔 이 말씀이 이해가 안 되어서 씨름했지. 그러는 중에 하나님께 물으며 기도하기도 하고…. '그 환자를 들여다보시는 예수님'의 모습을 보도록 성령께서 인도하시더라고. 마음 깊은 상처를 보시고 죄는 없다고 선포하시는 주님의 치유의 어루만짐이라고 깨닫게 하시더라니까.

- 그렇네요? 욥기에도 보면 욥이 병들어 고생할 때 위로하겠다고 찾아온 친구들이 당연히 욥을 죄인 취급하고 회개하라고 압박하는 이야기만 늘어놓는 것이 많았거든요?

- 그래서 우리가 환자를 볼 때 '환자에게 죄가 없다'는 눈으로 보아야 한다네. 물론 환자가 병들었을 때 자신을 돌아보고 혹 죄를 발견하고 회개하는 일은 선하고 좋은 일이지만 무슨 죄인지도 모르는 막연한 죄책감에 억눌려 사는 것은 딱한 일이고, 더군다나 환자의 아픔을 공감하지 못하면서 죄인으로 취급하는 태도는 너무 잘못된 것이야. 그래서 환자에게는 아픔

을 공감하는 것이 더 중요하고 치유를 위해 기도하고 함께 아파하는 것만이 우리의 할 일이라고 생각되더라고.
- 우와, 예수님은 죄인 취급 받으며 상처받아온 환자의 내면 깊은 상처를 아시고 내적 치유를 하신 것이라고요? 너무 감동입니다.
- 맞아, 예수님은 환자를 보고 죄부터 책망하신 적이 없어. 그리고 제자들에게도 죄부터 따지지 말라고 가르치셨어.
- 그래요? 어디에 그런 이야기가 있지요?

> 요 9:2-3 제자들이 물어 이르되 랍비여 이 사람이 맹인으로 난 것이 누구의 죄로 인함이니이까 자기니이까 그의 부모니이까 예수께서 대답하시되 이 사람이나 그 부모의 죄로 인한 것이 아니라 그에게서 하나님이 하시는 일을 나타내고자 하심이라

- 여기 봐. 날 때부터 맹인 된 환자를 두고 이 사람이 맹인, 즉 환자가 된 것이 자기 죄인가, 부모의 죄인가 묻고 있거든. 그러니까 유대인들은 항상 '환자는 죄인이다' 이런 의식이었어.
- 그런데 예수님은 자기 죄도 아니고 부모의 죄도 아니다 하셨네요?

- 그랬어. 죄부터 따지지 말라는 것이지. 그리고 하나님의 일을 나타내려는 것이라고 긍정적으로 해석하면서 치유하심으로 하나님의 사랑을 나타내시고 하나님의 능력을 나타내시거든.
- 그렇네요? 사실은 유대인만 그런 것은 아닌 것 같아요. 한국교회 그리스도인들도 거의 같은 분위기예요. 그러니까 목사님이 아프면 아프다는 말도 못하고 기도해 달라는 부탁도 못하는 분위기이지 않아요?
- 맞아. 장로나 권사 등 오래 된 신자일수록 아파도 아픈 것을 감추게 되지. 잘못되어도 한참 잘못되었어. 그래서 교회에서는 이 의식을 깨야 해. 아예 환자는 죄가 없다고 생각하는 문화를 만들어야 환자가 자유롭게 기도 부탁을 하고 자유롭게 기도를 받지. 김 목사, 더 뭐 보이는 원리 없나?
- 글쎄요. 환자들 공감은 못하면서 예수님이 죄 사하는 권세가 있느냐 없느냐 하는 교리논쟁이나 하는 제자들도 한심하네요.
- 우와! 김 목사, 어떻게 그렇게 찍어내나? 대단한 관찰이야. 그렇지? 환자 앞에서는 어떻게 고침받고 환자가 구원받을까 하는 관심 외의 교리논쟁을 해서는 안 되겠다는 깨달음도 얻게 되는 것이지.

🌿 주님께서 치유하시다

- 그리고 결국엔 예수님은 그 중풍병자를 고쳐 주셨지.
- 할렐루야! 주님은 고쳐 주시는 주님이십니다. 아멘.
- 맞아, 우리가 치유에 대한 분명한 근거와 메시지를 가지고 있다는 게 얼마나 깊은 감격인가?

5.
치유의 근거/치유의 메시지

- 그렇지. 나는 감사한 게 하나님이 나를 빚을 때에 나를 내적인 용기를 가지도록 만드신 것 같아. 해 보지 않은 것을 과감히 해 보는 용기를 말이야.
- 그건 또 무슨 말씀이에요?
- 목회자들에게 가르치는 자로서 교회에서 치유사역이 시행되게 하려고 하니 아무리 말로 가르치고 소그룹 안에서 치유 경험을 하면서도 교회적으로 치유기도회를 선뜻 열지 못하는 것 같더라고. 치유기도회 한다고 광고해 놓고 기도회를 하는데 '한 명도 낫지 않으면 어떻게 하지?' 하는 걱정부터 하는 것 같아요. 그래서 결국 이것도 내가 보여주지 않으면 안 되겠구

나 싶더라고.
- 백문이 불여일견이라고 하지 않아요? 백 번 들어도 한 번 보는 것만 못하다는 것이니, 보여주면 훨씬 효과가 있겠지요?
- 그래서 여름방학, 특히 광복절 휴일을 이용하여 광복절 전후로 2박 3일의 '전인치유수양회'를 바나바훈련원에서 열기로 하고 훈련받는 목회자 교회 성도들을 데리고 참석하여 보고 듣고 경험하라고 했지. 한 번도 해보지 않은 것을 해보기로 용기를 냈던 것이야.
- 한 번도 해보지 않은 '치유수양회'를 열었다는 말이지요? 다른 치유수양회는 가 보지도 않았는데 용기를 낸 것이에요?
- 그랬다니까.
- 그래 얼마나 모였고 어떤 메시지를 전했나요?

🌿 하나님은 치료하시는 하나님이다

- 첫 번 수양회에 약 400여 명 모였던 것 같아. 무슨 메시지냐고? 제일 먼저 선포한 메시지는 "하나님은 치료하시는 하나님이다" 하는 메시지였지. 이봐 김 목사, 얼마나 감격스러운가?

우리가 믿고 따르는 하나님이 스스로 당신의 이름을 선포하시기를 "나는 치료하는 여호와다"라고 선포하셨다는 메시지를 우리가 가지고 있다는 게 얼마나 영광스러운 사실인가?

> 출 15:26 이르시되 너희가 너희 하나님 나 여호와의 말을 들어 순종하고 내가 보기에 의를 행하며 내 계명에 귀를 기울이며 내 모든 규례를 지키면 내가 애굽 사람에게 내린 모든 질병 중 하나도 너희에게 내리지 아니하리니 나는 너희를 치료하는 여호와임이라

- 이 본문을 설교하려면 하나님의 말씀을 듣고 순종하는 일, 하나님 보시기에 의를 행하는 일, 하나님의 계명에 귀를 기울이며 규례를 지키는 일에 대한 설교가 우선되어야 하지 않나요?
- 물론이지. 그러나 하나님의 이름이 치료하는 여호와라는 메시지는 얼마나 강력한 것인가? 김 목사 말대로 하나님의 말씀을 듣고 순종하고 살아가는 삶에 대한 중요성을 설교하고서 그렇게 하나님 말씀 따라 살 것을 다짐하면서 오늘 우리의 질병을 고치시는 하나님을 만나자고 했지. 그리고 이 '여호와 라파'

를 강조하면서 말이야. 생각해 보게. 구약에서 하나님의 이름이 '엘 하나님'과 '여호와'(야웨)가 주로 쓰이지 않나? 그런데 하나님의 이름이 여호와로 쓰일 때는 피조물인 우리를 만나 주시는 하나님, 더 가까이 계신 하나님을 나타내는 이름이 아니던가? 게다가 여호와 이름은 형용사가 붙는 이름으로 자주 쓰이기도 하지. 예를 들면 여호와 이레/준비하시는 하나님, 여호와 샬롬/평강의 하나님, 여호와 삼마/거기 계시는 하나님 등과 같이 말이야.

- 그래서 뭐가 특별한가요?
- 여호와 이레, 여호와 샬롬, 여호와 삼마 등은 대체로 사람이 하나님을 경험한 뒤 하나님이 그런 하나님이로구나 감격하며 부른 이름임에 비하여 '여호와 라파'는 하나님이 친히 선포하신 이름이라는 차이가 있어요. 그러니 같은 하나님 이름이라도 더 강력한 메시지를 갖는 이름이 아니겠나? 한 번 느껴봐! 하나님께서 김 목사에게 오늘 말씀하시는 음성으로 들어보라고. "나는 너희의 질병을 치료하는 하나님이다." 이렇게 자신이 치료하는 하나님이라고 선포하면서 찾아오시는 하나님을 만나기만 하면 치유되지 않겠나?

- '여호와 라파'라는 그 이름 자체가 강력한 치유 메시지인데요?
- 그렇지 않나? 그래서 첫 치유 수양회에서 첫 메시지로 "하나님은 치료하시는 하나님이다" 하고 외쳤는데 그 메시지에 아멘 하고 치유받은 사람들이 나온 것이야. 첫 메시지 설교 끝나고 통성으로 기도하고 잠시 쉬는 시간을 갖게 되었는데 그 쉬는 시간에 60세가 넘으신 할머니 권사님이 할렐루야 기뻐하면서 강당을 여러 바퀴 뛰어 돌면서 춤을 추는 것이에요. 간증하는데 그 권사님은 무릎이 아파서 걷는 것도 불편했다는데 말씀 듣는 순간 아멘 하고 받았더니 무릎이 치유되었다며 그렇게 기뻐 뛰더라고….
- 치료하시는 하나님이라는 말씀 듣고 아멘 하고 즉시 치유되었다는 것이지요? 하, 대단한 역사로군요? 안수한 것도 아니고 기도한 것도 아니고 그냥 아멘 하고 나아요?
- 이봐, 자신이 치료하는 하나님이라고 선포하신 하나님이 그 하나님의 이름을 믿고 부르는 당신의 자녀들을 만나 주시면 병든 자는 고쳐 주실 것 아니겠는가? 바로 그 역사가 일어난 것이지. 치료하시는 하나님께서 그 자리에 임재하여 오신 것이야.

- 그래도 그렇지, 안수도 안 했는데 환자가 나았다는 이야기는 처음 듣는 이야기라서?
- 어허, 당신의 이름의 영광을 위해서 여호와 라파 하나님이 친히 역사하신 것이라는데? 메시지를 선포하는 설교자가 하나님의 말씀을 믿음으로 선포하고, 듣는 자가 믿음으로 들을 때는 바로 그 메시지의 하나님이 성령으로 와서 역사하는 것이야. 나는 이 "여호와 라파/하나님은 치료하는 하나님이다" 메시지를 전하는 동안 하나님이 고치는 역사를 행하시는 것을 많이 보았다네. 물론 이 말씀 붙들고 기도하면서는 더 많은 치유를 보았고 말이야.

한번은 조치원에 있던 선교사 훈련원에서 안식년에 귀국해 있는 선교사들을 교파와 단체를 초월하여 초청하여 영성 수련회를 열었는데 나를 강사로 초청하길래 갔지. 가서 여러 메시지를 전하는 중에 선교사들에게 병이 많다는 것을 알게 되어 치유받기를 원하는 사람은 자기 이름과 자기가 앓고 있는 병명을 적어 내라 했지. 그리고는 바로 이 "여호와 라파/하나님은 치료하시는 하나님이다"라는 메시지로 설교를 한 차례 했지. 설교 끝나고, 적어낸 것을 보고 한 사람씩 이름을 불러 앞으로 나오도록 했어요. 많지는 않았고 내 기억에 7명 정도 되는 것 같았지. 이름 부르는 대로 앞으로 나와서 앉게 하고 남은 인원의 사람들이 골고루 배분하여 둘러서서 공동으로 손을 얹고 치유를 위하여 기도하려고 그리했는데, 허리 디스크를 앓고 있다고 써낸 선교사 한 분이 그 이름을 부르자 "저는 기도 안 받아도 됩니다. '하나님은 치료하시는 하나님이다'는 메시지를 들을 때 아멘 하고 받았는데, 이미 치료되었습니다." 그렇게 간증하더라고.

- 메시지 말씀만 듣고 아멘 하고 고침받았다고요? 나머지는 어찌 되었고요?

- 나머지는 말씀에 의지하여 치료해 달라고 함께 손을 얹고 부르짖고 기도하고 응답으로 또 여러 명 치유받았지. 튀르키예에서 사역하는 선교사 부부는 그때 치유받고 내가 시행하는 바나바훈련을 받겠다고 매달리더라고. 그다음 주에 개강하는데 미리 신청은 안 했지만 받아 주어서 1년 훈련받았지. 그리고 말씀 듣고 아멘 하고 허리 디스크 나은 선교사는 바나바훈련원 훈련 시에 참관하러 왔다가 쉬는 시간에 훈련생들하고 축구를 하더군. 하나님이 고칠 때는 참 신기하고 재미있어.

— 선배님 간증을 듣다 보니 치유가 아주 쉽게, 그리고 일상적으로 일어난 것 같네요?

— 글쎄 일상적으로라고 말할 수 있을지는 몰라도 하나님은 쉽게 치료하시더라고?

— 또 다른 메시지는 무엇인가요? 치료하는 여호와 하나만 가지고 치유 집회를 하시지는 않았을 것 같은데요?

— 또 하나 강력하고 확신할 만한 메시지가 있지.

— 그것은 무엇인데요?

❦ 십자가의 은혜는 질병도 지고 가신 은혜이다

— "예수님은 십자가 지실 때 죄는 물론 질병도 지고 가셨다"는 메시지이지.

> 사 53:5-6 그가 찔림은 우리의 허물 때문이요 그가 상함은 우리의 죄악 때문이라 그가 징계를 받으므로 우리는 평화를 누리고 그가 채찍에 맞으므로 우리는 나음을 받았도다 우리는 다 양 같아서 그릇 행하여 각기 제 길로 갔거늘 여호와께서

는 우리 모두의 죄악을 그에게 담당시키셨도다

- 여기서 예언하는 치유는 인생이 치유된다는 큰 의미의 치유가 아닌가요?
- 물론이지. 그러나 질병의 치유가 포함된 것이지. 죄악으로 망가진 인생이 근본적으로 치유된다는 말은 맞아요. 그러나 그 치유에는 육신의 질병조차 포함되는 전인적 치유라고 보아야 할 걸? 여기 '나음을 받았도다'로 번역된 말 히브리어는 내내 여호와 라파에서 쓰던 그 라파(רפא 고치다, 치료하다, 건강하게 하다)라는 단어이거든. 그리고 마태복음을 보면 예수님의 치유사역이 이 예언의 말씀을 이루는 과정이라고 말하면서 질병을 짊어지셨다고 하거든. 이 얼마나 능력 있는 메시지인가!

> 마 8:17 이는 선지자 이사야를 통하여 하신 말씀에 우리의 연약한 것을 친히 담당하시고 병을 짊어지셨도다 함을 이루려 하심이더라

- 이 메시지도 아멘으로 받으면 바로 치유가 일어나겠는데요?

- 그렇지? 물론 예수님의 십자가는 우리의 죄를 지고 가신 것이 기본이지. 그러나 하나님이 말씀하시기를 병도 짊어지셨다는 데 죄와 더불어 죄값으로 인류에게 내려졌던 질병도 짊어지고 가셨다고 선언한 것이므로 우리는 그렇게 믿는 것이지.
- 그렇다면 질병의 치유가 구원사역에 포함된다는 말이기도 한데요, 치유사역이 메시아적 사역이라고 한 말과 맥락을 같이 하는 것 같네요?
- 그렇지 않겠나? 한번은 그다음 해인가 바나바훈련원에서 전인치유 수양회가 또 열렸는데, 이 십자가의 복음을 전하면서 동시에 질병도 지고 가신 예수님의 십자가의 은혜를 선포했지. 그때 부산 ○○○교회 집사 한 분이 참석했던 모양인데 이분은 교통 사고 후유증으로 목 디스크와 허리 디스크 등으로 아픈 분이었대. 이웃 교회 목사님의 권유로 우리 훈련원 치유수양회에 왔었다는데 그 집회 시에 마침 에어컨이 고장 나서 한여름에 사우나 집회를 했었어.
- 그 여름에 에어컨조차 고장 났으면 과연 사우나 집회였겠군요?
- 그 집사님은 사업가였는데 출근 전에 이미 냉방시설 돌려 온도를 적절히 맞추어 놓으면 사무실에 출근하는 분이었대.

- 에어컨까지 고장 난 사우나 집회였으니 그런 분이 견디기 힘들었겠군요?
- 그해에는 인원도 더 많아 약 500명으로 입추의 여지 없이 가득한 모임이었지. 사람으로 가득 찬 곳에서 땀 냄새 맡으며 너무 힘들어서 첫 시간 끝나면 사라지려고 마음먹기도 했다는데 차마 그럴 수 없어서 견디고 있었다고 하더군. 그런데 십자가의 은혜는 죄를 지고 가셨을 뿐 아니라 질병도 지고 가신 것이라는 메시지가 선포될 때 큰 감동이 오면서 "그렇구나, 예수님이 나의 질병까지도 지고 가셨구나! 아멘 할렐루야, 나는 오늘 해방되었도다" 그렇게 중얼거리게 되었다네. 순간 마치 따뜻하게 덥힌 벽돌을 목에 대어주듯 온기가 돌면서 목이 풀리고 아픔이 사라지더라는 것이에요. 그 후로는 2박 3일간 너무 은혜로운 게 땀 냄새조차도 향기처럼 느껴지며 사우나 집회에 은혜를 많이 받았다는 간증이에요.
- 감격스러운 집회로 기억되겠군요?
- 그 후 몇 달 후에 내가 부산 갈 일이 있어서 그 집사님에게 수양회 참석하라고 권했다는 목사님을 마침 만나게 되었는데 그분이 연락해서 그 집사님에게 내가 식사 대접을 받게 되었어

요. 식사 대접 하면서 신나고 흥분하여 간증을 하는 것이에요. 자기가 치유받고 돌아와서 그 집회 때 받은 은혜가 감격스러웠는데 마침 그 집회의 주제가 기억에 남더라는 것이야.
- 주제가 무엇이었는데요?
- "치유받고 치유자가 되자"라는 주제였지. 하루는 그 집사님이 사업상 친구를 만나기로 약속한 날인데 친구에게서 전화가 오기를 어지러움증이 생겨서 움직일 수가 없다는 전화가 왔다는군.
- 사업상 만나는 약속인데 못 나온다고 전화가 왔다고요?
- 응, 그래서 자기가 친구네 집으로 가겠다고 연락하고 갔대. 가보니 이 친구가 누워 있는데 왜 그러냐고 물으니 달팽이관 이상이라며 어지러워 일어날 수 없다고 하더라네. 그런데 그 이야기를 듣는 순간 치유받고 치유자가 되라는 치유수양회 주제표어가 생각나서 '그래 이 친구를 치유해야 하겠군' 그런 마음이 들더래. 그래서 그 친구는 예수 믿는 친구도 아닌데 다짜고짜로 "너 오늘 고침받을 줄 알아라. 너 내가 예수쟁이인 것은 알지? 내가 교통사고 후유증으로 생긴 목 디스크, 허리 디스크로 고생하고 있던 것도 알지? 그런데 내가 예수님의 은혜

로 다 나았단 말이야. 그런데 그 예수님이 지금 말씀하시기를 '네가 고침받았으니, 네 친구를 네가 고치라'고 하지 않니? 그러니 내가 너를 위하여 기도할 테니까 너는 무조건 아멘 해라" 그렇게 말하고는 누워 있는 친구 귀에다 손을 얹고 간절히 부르짖고 기도했다는 것이야.

- 선생님만 용기 있는 줄 알았더니 그 집사님은 더 용기가 대단하네요?
- 그래 말이야. 대단한 사람인 것 같지? 평신도라고 지금 뒤로 빼려고 하는 사람이 있다면 안 되지.
- 그래 어찌 되었는데요?
- 그래 기도하고 끝나자 친구가 벌떡 일어나더래. 그래서 사업 이야기를 하고 또 결신도 시켰대. '너 오늘 하나님이 네 병을 고치는 것 보았지? 이제 너도 예수 믿어야 돼. 당장 가까운 교회 등록하러 가자'고. 그렇게 친구를 끌고 가까운 교회 가서 목사님 만나고 잘 양육시켜 달라고 부탁했더니 지금 교회 잘 다니고 있다고 간증하며 감격하더라고.
- 아우, 치유받을 뿐 아니라 치유자가 되고 전도하게 되었네요? 감격이 아닐 수 없겠네요?

- 그렇지? 십자가의 은혜는 우리의 죄를 지고 가신 은혜일 뿐 아니라 우리의 질병도 지고 가신 은혜라는 메시지는 아주 강력하고 확신 있는 메시지예요.
- 이 외에도 많지만 한 가지만 더 간증하기로 하지. 미국 엘에이에 둘로스선교교회라는 한인교회가 있는데 한 번은 그 교회에서 주일 아침 설교하게 되었지.
- 거기서 십자가의 은혜를 설교하신 모양이네요?
- 어떻게 알았어?
- 지금 십자가의 은혜 이야기하는 중이지 않아요?
- 눈치가 빠르군. 그래 거기서 십자가의 은혜를 설교했어. 십자가의 은혜를 설교할 때는 물론 죄를 지고 가신 대속의 은혜를 중요하게 설교하지. 그리고 나서 덧붙이는 메시지로 십자가의 은혜는 질병도 지고 가신 은혜라는 메시지도 전하지.
- 거기서도 치유가 일어난 모양이군요?
- 그랬어. 예배 끝나자 안수 집사 부부가 나를 따로 찾아와 간증하고 보고하더라고.
- 무슨 질병에서 치유되었던가요?
- 남자 집사는 "턱 빠지는 병(턱관절 탈구)이 있었는데 십자가의

메시지가 선포될 때 감동되고 확신 되어 '아멘' 하는데 턱이 맞추어지면서 다시 안 빠집니다"라고 간증하고, 여자 집사님은 "방광염이 있었는데 치유되었습니다" 그러더라고. 그리고 이분들은 너무 감격하고 즐거워서 내가 돌아온 후에 담임 목사님께 상의했다면서 바나바훈련원에 매달 200달러씩 5년간 헌금하겠다고 연락이 오더니 그렇게 하더라고.
- 우리는 참으로 감격스러운 메시지를 가지고 있는데 왜 무기력하게 살아왔을까요?
- 지금부터 그 강력한 메시지를 붙들고 살아나가자고.
- 아멘.

⚜ 성령님은 치유를 실행하시는 영이시다

- 하나 더 우리가 믿고 사모해야 할 메시지는 성령께서 치유의 영이라는 점이지.
- 하나님 아버지는 치료하시는 아버지시요, 성자 예수님은 우리의 질병을 지고 가신 구세주이시며, 성령님께서는 그 진리, 그 은혜를 실현하시는 영이라는 말씀이지요?

- 그렇다네. 성령님은 구원을 개인적으로 실체적으로 각자에게 실현시키는 영이신데 치유도 각자에게 실현시키는 영으로 임하시고 역사하시는 것이지. 이사야 선지자가 메시아에게는 하나님이 성령과 능력으로 기름 부어 가난한 자에게 복음을 전하고, 상한 마음 고치고, 포로 된 자에게 자유를, 갇힌 자를 자유케 한다고 예언한 말씀이 있지?

> 사 61:1 주 여호와의 영이 내게 내리셨으니 이는 여호와께서 내게 기름을 부으사 가난한 자에게 아름다운 소식을 전하게 하려 하심이라 나를 보내사 마음이 상한 자를 고치며 포로 된 자에게 자유를, 갇힌 자에게 놓임을 선포하며

- 그 예언이 예수님에게서 성취되는 것으로 누가복음에 말씀하고 있지요?

> 눅 4:18-19 주의 성령이 내게 임하셨으니 이는 가난한 자에게 복음을 전하게 하시려고 내게 기름을 부으시고 나를 보내사 포로 된 자에게 자유를, 눈 먼 자에게 다시 보게 함을 전파하

며 눌린 자를 자유롭게 하고 주의 은혜의 해를 전파하게 하려 하심이라 하였더라

━ 사도행전에서도 그렇게 증언하고 있고요.

> 행 10:38 하나님이 나사렛 예수에게 성령과 능력을 기름 붓 듯 하셨으매 그가 두루 다니시며 선한 일을 행하시고 마귀에 게 눌린 모든 사람을 고치셨으니 이는 하나님이 함께하셨음 이라

━ 그렇지? 성령과 능력을 기름 붓듯 부어 가르치고 복음 전하고 병 고치고 하게 되었다는 것이에요. 예수님조차도 성령으로 행하셨다는 것이지. 그래 성령은 구원과 치유를 실행하시는 영으로 임하시고 역사하시는 것을 보여주는 것이지.

━ 기독교의 영성은 성령의 은혜 안에 있는 영성이라 하였고 모든 기독교의 사역은 성령 사역이라 하였는데 치유도 성령의 은혜 안에서 이루어지고 치유사역도 성령사역이라는 점을 분명히 이해하고 믿고 사모함으로 이루어야 하는군요?

- 그렇지. 따라서 성령께서 임재하시는 현장에서만 치유가 일어 난다는 사실이 중요한 것이야. 소그룹에서 기도하더라도 성령 께서 임재하시는 그런 기도의 현장이 되기까지 기도하여야 하 고 교회 기도회나 집회라도 성령께서 임재하시는 현장이 되어 야 하는 것이지.
- 그러면 성경적인 원리에서나 선배님의 경험에 의하면 치유의 역사가 일어나는 어떤 공식이 있던가요?
- 대입하기만 하면 치유가 일어나는 어떤 공식 같은 것은 없어. 치유는 전적으로 하나님의 은혜의 역사에 의존하는 것이니 우리는 사모하고 기도하고 믿고 순종할 뿐이지. 그러나 대체로 또는 자주 치유가 일어나는 경우의 수는 말할 수 있을 것 같 기는 해요.
- 그러면 그런 경우의 수라도 말씀 나누어 주시지요?

6.
치유의 세계

- 교회에서의 치유는 전적으로 하나님께 의존되어 있기에 어떤 공식이 존재할 수 없지. 기도자와 받는 자와 하나님 사이에서 일어나는 일이지만 그것도 전적으로 하나님이 행하시는 일이기에 이렇게 하면 100퍼센트 치유가 일어난다고 말할 수 있는 조건이나 방식을 말한다는 것은 있을 수 없는 일이지. 그러나 가장 치유의 은혜를 받기 위하여 가까이 갈 수 있는 경우의 예는 이야기할 수 있을 것이에요. 그중 첫째는 '말씀의 세계'라고 해야 하겠지.

- 말씀이란 하나님의 말씀을 의미하는 거겠지요?

🌿 말씀의 세계

- 물론이지. 하나님께서는 말씀으로 하나님의 뜻을 나타내실 뿐 아니라 하나님의 행사를 말씀으로 이루신다는 것을 성경에서 알 수 있어요. 우선 하나님의 창조 이야기에 보면 하나님이 말씀으로 창조의 역사를 이루신 것을 볼 수 있지. 물론 말씀이 선포되는 현장에 하나님의 성령이 운행하면서 역사하신 것을 중요하게 보아야 하지만 어쨌든 일단 말씀이 선포되는 현장에 창조의 역사가 일어난 것을 보게 되지.

> 창 1:3 하나님이 이르시되 빛이 있으라 하시매 빛이 있었고

- 또한 히브리서는 다음과 같이 말씀하고 있지.

> 히 4:12 하나님의 말씀은 살았고 운동력이 있어 좌우에 날선 어떤 검보다도 예리하여 혼과 영과 및 관절과 골수를 찔러 포개기까지 하며 또 마음의 생각과 뜻을 판단하나니

- 이 말씀에서 말씀은 살았고 운동력이 있다고 하지 않나? 말씀이 곧 능력이요 역사라는 말이지? 그래서 말씀은 혼도 영도 몸도 수술하게 된다는 말이지.
- 그렇다면 말씀이 선포되는 현장에 있어야 고침받을 확률이 많아지겠군요?
- 그렇게 보아야 하지 않겠나?
- 말씀이 선포되는 현장이라면 설교 듣는 현장을 말하는 것인가요?
- 개인적으로 성경 말씀을 읽거나 묵상하면서 주님의 메시지를 듣고 있는 현장도 포함되겠지. 그러나 일반적으로 말씀이 선포되는 설교현장이라고 말할 수 있겠지?
- 나는 설교현장에서 치유되었다는 이야기를 들어보지 못했는데요? 부흥회 같은 집회를 하면서 설교하고 안수하고 치유되었다는 이야기는 들었지만 주일 설교 중에 나았다는 이야기는 못 들어보았어요.
- 김 목사 말에 공감을 해요. 그래서 설교자의 설교에 대한 진지함이 요구되고 진정 하나님의 메시지가 선포되도록 해야 하고 듣는 자도 진지하게 들어야 함을 반성하게 하는 것이지만 말

씀 선포의 현장에 성령님이 운행하시며 역사하신다는 것은 분명한 원리이지.

- 신유의 직임을 받은 신유 사역자들이 집회하는 데에 가 보면 먼저 치유의 메시지를 전하고 안수하고 하더라고요. 말씀에 근거한 믿음이 하나님의 치유의 은혜를 받는 것이겠지요?
- 치유의 메시지는 물론이고 꼭 치유라는 범주에 해당하지 않더라도 진정한 하나님의 메시지가 성령의 은혜 안에서 선포되는 현장이라면 치유가 일어날 수 있다는 것을 여러 번 경험했는데 그걸 간증하지.

한번은 내가 ○○○교회에서 부흥회를 인도한 적이 있는데 그 부흥회 기간 동안 나는 한 번도 치유 메시지를 선포한 적이 없었어. 그런데 둘째 날 점심 식사 대접하는 집사님이 음식을 주문해 놓고 간증하더라고.

- 치유 간증이었나 보지요?
- 목 디스크 질병으로 6년간 고생했대. 병원도 가 보고, 한의원에 가서 약도 먹고 침도 맞고, 안마사에게 안마도 받아 보고 지압사에게 지압도 받아 보고 6년간 그 고생을 했는데, 어젯밤 설교 말씀 듣다가 고침받아서 불편 없이 목이 움직인다

며 식당에 앉아 목을 좌우로 상하로 막 움직이면서 감격하더라고.

- 전날 저녁 설교 메시지가 무엇이었는데요?
- 창세기 12장 1-4절 본문으로 "복을 받고 복이 될지라" 그런 설교였거든.
- 치유 중심의 메시지는 아니었던 것 같은데요?
- 아니지. 그 부흥회 기간 동안 치유 메시지는 한 번도 안 했다니까. 그런데 마치고 나니까 7명이나 병 고침 받았다고 간증하더라니까.
- 치유를 위한 안수기도나 기도회도 없었나요?
- 치유를 위한 어떤 특별한 순서도 없었지.
- 희한하네요? 처음 듣는 종류의 간증이라서요.
- 그 교회 담임 목사도 그러더라고. 어떻게 설교만 했는데 치유의 역사가 일어나는지, 그것은 무슨 은사냐고 묻더군.
- 정말 그것은 무슨 은사인가요?
- 이것은 성령의 은사에 해당하는 것 같지 않고 성령의 역사라고 이해한다고 답했지. 말씀 선포 현장에 역사하시는 성령의 역사. 그리고 나는 그 목사님에게 "목사님도 설교 준비할 때

부터 하나님께서 들려주시는 메시지를 받아서 설교하려는 노력을 해 보시고 그 메시지를 설교할 때 하나님의 말씀에 대한 확신을 가지고 설교하며 설교 현장에 성령님이 역사해 주시기를 사모하고 기도하고 설교해 보십시오" 그렇게 충고했지.
- 그 목사님도 설교 중에 치유가 일어나게 되었나요?
- 3, 4개월 지났나? 그 목사님이 내게 전화했더라고. "목사님, 목사님 말씀 듣고 도전받아 설교 준비부터 성령의 음성을 들으려고 기도하고 묵상하고 설교 현장에 성령님 오시어서 역사해 달라고 기도하면서 더 진지하게 설교하게 되었는데, 드디어 제 설교를 들으면서 병 고침 받는 간증이 나오기 시작했습니다" 그렇게 보고하더라고.
- 우와, 그 목사님도요?
- 그랬어. 김 목사도 진지한 설교자가 되기를 바래요. 내가 설교 영성을 중요하게 다루고 가르치는 이유가 그것이야.
- 네, 선배님, 선배님의 설교 영성 세미나도 꼭 듣고 싶습니다.
- 기회가 있겠지.
- 우선 설교 준비를 더 성실히 하고 성령님 의존하는 설교를 하도록 기도하겠습니다

- 김 목사가 열렬한 반응을 하니 간증 하나 더 해 주어야겠군.
- 하나뿐 아니라 열 개라도 해 주세요.
- 너무 많이 할 필요야 없지. 어느 해인가, 서울의 한 지역 교역자협의회에서 37명이 훈련원에 들어와 단기 특별 영성훈련을 한 적이 있었지. 첫 시간 말씀 설교가 있은 후 저녁 시간까지 쉬는 시간에 축구들을 하더군. 그리고 저녁 식탁에 앉아 있는데 한 목사님이 와서 보고하는 거야. 오랫동안 관절통으로 계단을 오르내리기 힘들어 난간을 잡고 씨름하며 오르내렸는데 말씀을 듣는 중에 성령이 자기에게 임하심을 느꼈대. 무릎이 따뜻함을 느끼며 통증이 사라져서 확인할 겸 축구를 하러 나갔고 한 시간 동안 축구를 하여도 무릎에 통증이 없고 완전히 치유되었다는 보고를 하더군.
- 관절통 환자가 말씀 듣다 나아서 즉시 축구를 했다고요?
- 그랬어. 그래 다음 날 아침 강의 시간에 그분에게 간증하라 하였지. 그런데 그분이 간증한 후 다른 목사님이 손을 들고 나와서 자기도 첫 시간 말씀 듣다가 허리 디스크가 고침받아 축구를 할 수 있었다고 간증하고 다른 사모님은 퇴행성 관절염을 고침받았다고 또 간증하고…, 아주 풍성했어요.

- 말씀이 선포되는 곳에서 치유의 역사가 일어나는 것이로군요?
- 말씀을 경청하고 아멘으로 은혜받으면서 고침받은 간증이 많아요.
- 그러니 우리 설교자들은 설교가 하나님의 말씀의 선포가 되도록 묵상하고 기도하고 받은 메시지를 성령으로 선포하게 되어야 하는 거지. 그리 되면 말씀이 곧 치유를 일으키는 것을 나는 자주 보았어요. 내적 치유와 외적 치유가 다 일어나요. 그리고 성도들은 말씀 선포 가운데 들려오는 하나님의 메시지에 귀 기울이고 그분을 만나고 그분의 음성을 들어야 하는 거고. 그리 되면 말씀이 인생을 치유해요. 말씀이 영을 치유해요. 말씀이 마음을 치유하고. 말씀이 몸도 치유한다는 말이지요. 게다가 치유의 메시지를 전하게 되면 더욱 치유가 직접적으로 일어나요. 그러므로 우리는 치유 메시지도 하나님의 말씀 중 중요한 메시지임을 인식하고 믿고 선포해야 하겠고. 듣는 자도 진지하게 하나님께 귀 기울이면 우리의 영과 혼과 몸이 치유되는 축복을 누리게 되는 것이에요.
- 말씀이 생명이요 말씀이 능력이로군요? 진지한 말씀 탐구와 선포, 진지한 말씀 읽기와 묵상이 중요하겠군요.

🍃 기도의 세계

- 이제 신유의 은사를 받은 사람은 물론 그렇지 못한 평범한 그리스도인들로서 치유와 가장 가깝게 접근하는 길은 기도의 세계라고 보아야 할 것이야.
- 기도와 응답이라는 차원에서 치유가 일어난다는 말씀이지요?
- 그렇지. 야고보서에 그렇게 말씀하고 있지.

> 약 5:15 믿음의 기도는 병든 자를 구원하리니 주께서 그를 일으키시리라 혹시 죄를 범하였을지라도 사하심을 받으리라

- 마가복음에서 "병든 사람에게 손을 얹은즉 나으리라" 하신 말씀은 안수하며 기도한다는 뜻이 아닌가요?

> 막 16:17-18 믿는 자들에게는 이런 표적이 따르리니 곧 그들이 내 이름으로 귀신을 쫓아내며 새 방언을 말하며 뱀을 집어 올리며 무슨 독을 마실지라도 해를 받지 아니하며 병든 사람에게 손을 얹은즉 나으리라 하시더라

- 그렇게 이해해야 하겠지? 어쨌든 치유의 세계는 기도의 세계예요. 하나님은 우리가 병들었을 때에 서로 병 낫기를 위하여 기도하라 하시지. 믿음의 기도는 병든 자를 구원한다고 말이야. 긴 설명이 필요 없어요. 기본적으로 기도하면 하나님 응답한다고 약속하셨고 병든 자를 위하여 기도하라 하셨으니 기도하는 것이에요. 그리고 한 형제의 고통을 함께 짊어지고 기도하는 코이노니아 공동체의 기도의 자리에 성령께서 임재하여 오시고 코이노니아의 파트너로 역사하시는 까닭에 우리는 고침을 받게 되는 것이지.
- 특히 코이노니아의 원리가 중요할 것 같네요? 우리가 서로 사랑하고 한마음으로 기도하면 코이노니아의 파트너로 하나님께서도 성령으로 임재하여 오시고 병든 자의 고통을 서로 나누며 함께 짊어지고 기도하는 공동체의 파트너로 오신 성령께서 그 고통의 짐을 지실 것이니 치유가 안 일어나는 게 이상하겠지요?
- 아따 오늘 김 목사가 기가 막힌 진리를 풀어내네 그려. 바로 그 점이지. 단순히 기도 응답의 차원만이 아니지. 코이노니아의 파트너로 임재하시는 성령님의 역사는 치유라는 역사로 나

타날 수밖에 없는 것이지. 그래서 병든 자를 위하여 서로 기도하라고 하신 것이니까. 내가 운영하던 훈련원에서는 이 코이노니아의 중요성을 알고 코이노니아 모임도 자주 하면서 경험하였는데, 재미 있는 간증을 해야겠군.

- 네, 간증해 주세요.
- 한번은 사모 훈련 중이었는데 이전 해에 훈련받으시고 식당과 그룹리더로 봉사하러 오신 분이 있었지. 그런데 첫날 와서 부엌에서 일하다 말고 아프다고 방에 누워버렸다는 것이야.
- 봉사하러 오기는 했는데 아파서 누워요? 봉사 못하고 짐이 되었겠네요?
- 그래, 어디가 아픈가 물어 보라고 다른 사모 한 분을 방으로 보냈더니 20년 동안 치질을 앓았는데, 지금 너무 세어져서 아프다는 것이에요. 부엌에서 일하던 사모님들 잠시 일을 멈추고 다 모여서 합심하여 사랑을 쏟아부으며 땀을 흘리며 기도하도록 인도했지.
- 선배님도 함께하셨나요?
- 다른 강사에 의하여 강의가 진행되고 있었으므로 나도 함께 들어가 기도했지. 기도 끝나자 화장실로 가더니 다 씻고 나오

면서 "할렐루야 하나님께서 치료하셨습니다" 찬양하고 부엌에 가서 다시 일하더라고.

— 즉시 치유되었네요? 바나바훈련원이 신령한 곳인가 봐요?

— 친구야, 바나바만 신령한 곳이겠는가? 자네의 교회도 신령한 곳이지. 다만 바나바훈련원에서는 코이노니아의 원리를 알고 형제의 짐을 함께 지는 사랑의 중보기도를 알고 공동체적 원리를 알고 믿으며 사랑을 쏟아부으며 기도한다는 것이 혹 다르다면 다를까?

— 믿고 사랑하고 기도하는 것이 중요하겠군요?

— 그렇지 않겠나? 다음 날 훈련 중에 있는 사모들에게 간증하라 하였더니 간증하였고 간증이 끝나자 다른 사모 세 분이 자기들도 치질이라고 하여 기도해 달라는 거예요. 그래 세 그룹으로 나누어 함께 손을 얹고 기도하였지. 그리고 그날 하나님은 우리 훈련원에 치질 클리닉을 여시고 다 고쳐 주셨어요. 믿음으로 하나님 의지하고 사랑으로 형제의 고통을 짊어지고 합심하여 기도하면 코이노니아 원리로 치유의 역사도 일어나는 것을 확인하는 일들이지.

— 코이노니아 원리를 알고 기도와 응답의 확신을 가지고 기도하

는 바나바훈련원에서는 많은 치유의 간증이 나온 것 같군요.

- 그랬지. 그뿐만 아니라 내가 이 코이노니아 원리와 사랑의 중보기도를 가르치고 치유사역을 강의하고 적용하여 실제로 기도회를 해 보면 아주 많은 치유의 역사를 경험해요.

- 몇 해 전 캐나다 위니펙에서 목회하는 한인교회 목회자 부부들이 특별 영성훈련 차 모인 적이 있지. 여러 주제로 훈련하다가 치유사역에 대하여도 강의하고 치유사역을 해야 한다고 가르치고 나서 우리 중에 병든 자가 있으면 당장 기도하자고 했지. 모인 인원이 20여 명에 불과하긴 했지만 다섯 명이 기도를 받겠다고 나오더군. 그래서 나머지 15명을 한 사람 당 세 명씩 배분하고 책임지고 치유를 위하여 기도하라고 하고 함께 사랑을 쏟아부으며 기도했지.

- 즉시 간증하던가요?

- 목사들은 쉽게 간증 안 해요. 평신도들보다 일반적으로 돌다리도 두들겨 보면서 건너는 식이야. 그래서 즉시 물어보지 않고 하루 지나고 다음 날, 치료된 사람은 간증하라고 시간을 주었지. 그런데 아무도 간증하러 나오질 않는 거야.

- 한 사람도 안 나왔나요?

▬ 나도 좀 당황스럽더라고. 여러 사람 위하여 기도하고 한 명도 낫지 않은 경우는 없었는데, 그래서 이렇게 한 사람도 치유되지 않은 것은 오히려 기적이라고 말하면서 그렇다면 다시 기도하자며 다시 다 나오라 했지. 잠시 미적거리더니 키가 큰 목사님이 나오더군.

"저는 어제 목 디스크 환자로서 기도 받았습니다. 저는 고침받은 것은 분명합니다. 그런데 왜 간증하러 나오지 않았느냐 하면 집에 가서 목뼈 사진까지 찍어서 확인한 후 간증하려 하였는데 또 기도받으러 나오라 하니, 또 기도받을 일은 아닌 것 같습니다" 그러더라고.

▬ 아, 사진까지 찍어 확인한 후 간증한다고요? 목사님다운 확인이군요?

▬ 그분이 계속해서 말하기를 "저는 어제 기도받고 고침받은 줄 몰랐습니다. 오늘 아침 조반 식사를 기다릴 때 우리 목사들이 30분 정도 족구를 하게 되었습니다. 나도 뒤에 서서 족구를 하고 있는데 공이 날아오는 것이 내가 발로 받을 수 없는 위치와 속도로 날아와서 엉겁결에 머리로 받았습니다. 그런데 멋지게 받아 넘겨 한 점을 득점했습니다. 그리고 보니 목뼈가 휘어

져 디스크 환자로서 목을 쓰지 못하는 내가 머리로, 즉 목으로 공을 받아 넘긴 것입니다. 그래서 저도 깜짝 놀라며 목을 움직여 보았는데 전혀 아프지 않습니다. 제가 고침받은 것은 확실합니다."

- 고침받은 줄도 몰랐는데 머리로 공을 받아 넘기고 나서 확인된 것이라고요?

- 그러더라고. 그러자 다른 목사님이 또 나와 이렇게 간증하더군.

"나는 고혈압 환자로서 어제 기도받았습니다. 혈압이 높아서 하루에 두 차례 혈압 조절 약을 먹지 않으면 나는 목이 뻣뻣해지고 머리가 아프고 침이 마르고 입술이 허옇게 됩니다. 그런데 어제 기도받은 이후 약을 한 번도 쓰지 않고 있고, 목이 뻣뻣해지지 않고 부드러우며 머리도 아프지 않고 산뜻하며 입술이 마르지 않고 촉촉합니다. 사실 저도 돌아가 혈압을 재어보고 간증하려 했는데 고침받은 것은 확실합니다."

- 아, 모두 기계로 확인 후 간증하려고 했군요?

- 그래 말이야. 그러자 또 한 분 목사님이 나오더군.

"저는 위와 장이 아프고 소화가 안 되며 설사를 해왔습니다.

그런데 어제 기도받고는 무슨 변화가 일어났다는 것이 당장 느껴지지는 않았는데 그 시간 이후 위가 아프지 않으며 어제 저녁과 오늘 아침 잘 먹고, 오늘 아침에는 설사하지 않고 김밥 같은 대변이 나왔습니다."

- 그 목사님은 왜 간증하러 안 나왔다고 해요?
- 그게 궁금한가? 그분은 가장 어린 막내라서 선배들 눈치 보느라고 못 나왔대. 그러다가 선배들이 나와 간증하니 자기도 나왔다고 그러더라고.
- 이유도 가지가지네요? 목사님들은 간증하기도 어려워하는 줄 몰랐습니다.
- 그래 말이야. 그런데 더 재미 있는 것은 그중 고혈압으로 고생하다가 고침받은 목사님은 훈련이 끝난, 그러니까 목요일에 훈련 끝나고 바로 그 주간 금요일 밤에 자기네 교회 심야 기도회에서 똑같은 방식으로 치유를 위한 기도회를 했대요. 본 대로 배운 대로 함께 손을 얹어 사랑을 표현하며 치유를 위한 사랑의 기도를 하였더니 신자 중 반신불수였던 분이 풀려서 자유롭게 몸을 움직이게 되었다면서 토요일 아침 내가 묵던 호텔로 전화하여 간증하고 자기는 혈압을 재본 결과 70에 130, 정

상으로 나온다고 좋아하며 보고하더라고.

- 즉시 자기도 적용하여 치유를 위한 사랑의 중보기도를 실시하고 열매를 보았나 보네요?

- 그래요. 나는 이렇게 서로 사랑하여 공동체적으로 기도하게 하여 많은 병자들이 고침받는 것을 보았지. 기도할 때 가장 많이 병 고침 받는 경험을 해요. 특히 공동체 안에서 사랑의 중보기도 할 때 말이야. 치유하면 신유의 은사나 직임을 받은 자들만 하는 일인 줄 생각하는 잘못으로 인하여 치유사역이 현대교회로부터 많이 실종되고 있는데, 치유를 은사나 기적이나 능력이라는 차원으로 접근할 것이 아니고 사랑을 실천하는 방식으로 접근하면 어느 교회에서나 어느 그룹에서나 쉽게 접근할 수 있고 감격적인 경험을 누릴 수 있는 것이에요. 그런 의미에서 기도의 세계에서 가장 치유가 활발하게 경험되는데 이미 언급했지만 매우 중요하니 다시 한번 그 원리를 정리해 보도록 하지.

- 기도로 이루어지는 치유의 원리 말인가요?

- 그래요, 제일 원리는 간단해요. '하나님은 기도를 응답하신다'라는 기도 응답의 원리이지. 우리가 병을 고칠 수는 없지만 병

고치는 능력을 가지고 자신을 치료의 하나님이라고 선포하신 하나님께 기도할 수 있고 하나님은 기도에 응답한다는 약속을 주셨다는 단순한 원리야. 병 고치는 은사나 직임은 특별한 소수가 가지고 있지만 기도의 특권은 모두가 가지고 있지 않은가? 그러니 기도하는 것이지.

- 맞는 말씀이네요? 우리는 왜 치유사역을 그렇게 어렵게만 생각했을까요?
- 특별한 세계로 생각했기 때문일 거고 사랑보다 능력 차원으로 생각했기 때문일 거야. 그다음 중요한 원리는 코이노니아 원리이지.
- 코이노니아 원리는 공동체의 원리를 말씀하시는 것이지요?
- 그렇지. 코이노니아란 수평적으로는 나와 너가 하나 되는 친교일 뿐 아니라 우리의 친교는 동시에 하나님과 함께하는 친교이거든. 앞에서 왜 공동체적 기도인가 다루었듯이 형제가 연합하여 하나 되어 기도하는 곳에는 하나님도 성령으로 임재하여 오시므로 온전한 코이노니아가 이루어진다고 했지?
- 그랬지요.
- "두세 사람이 내 이름으로 모인 곳에는 나도 그들 중에 있느니

라"(마 18:20)라고 하신 말씀대로야.

- 자, 생각해 보라고. 두세 사람이 모여 지금 예수 이름으로 치유를 위하여 기도할 때 예수님도 성령으로 거기 오신다 말이에요. 이게 코이노니아인데, 아까 말한 것처럼 우리가 형제의 고통을 함께 짊어지는 마음으로 병든 자를 위하여 합심하여 기도하면 하나님께서도 성령으로 임재하여 오신다는 말이에요. 그러면 하나님이 오셔서 구경하시겠나? 아니면 코이노니아에 참여하시겠나?
- 코이노니아에 참여하러 오시겠지요?
- 그런데 지금 수평적 코이노니아를 이룬 이 공동체가 무엇을 하고 있지?
- 병 고쳐 달라고 기도하고 있지요?
- 거기 치료하시는 하나님이 참여하면 어떻게 참여하겠나?
- 함께 기도하지는 않겠지요? 기도에 응답하시는 하나님이니까 치료로 응답하시고 치료로 함께하시겠지요?
- 바로 그거지. 그러니까 치유사역을 능력이라는 관점에서 접근할 일이 아니고 코이노니아 사랑이라는 접근으로 하는 것이

야. 그러면 치유가 우리 공동체적 삶의 일부가 되어 자연스러운 것이 되지. 그리고 코이노니아 내에서의 치유는 육신의 질병은 물론이지만 상한 마음, 억눌린 영혼의 치유 등 내적 치유는 더 효과적으로 일어나는 것이야.
- 코이노니아의 원리를 깨닫고 나니까 치유가 자연스러운 일이 될 것이 믿어지고 기대도 되네요.
- 우리는 적극적으로 치유를 위한 기도를 할 필요가 있고, 그렇게 하여야 교회가 살아 움직이는 공동체적 사랑과 하나님 체험을 하게 되어 부흥의 단초가 된다고 나는 생각하고 권장한다네. 나는 간증 나누는 게 신나는데, 김 목사는 듣는 게 지루하지 않나?
- 아니에요 전혀. 있으면 더 들려주세요.
- 하나만 더 나누지. 한번은 오스트리아 비엔나 한인교회에서 유럽 지역 한인 목회자 영성훈련에 부탁을 받고 갔었지. 사실은 봄에 한 차례, 가을에 한 차례 같은 대상을 놓고 영성의 기초로부터 훈련을 했는데, 가을에 가서는 치유사역을 강의하고 각 교회와 모임에서 치유사역을 하라고 권장하였는데 강의만 하고 끝나면 시행하는 용기를 많이 못 얻는 것 같아서 여기서

도 실제로 치유기도회를 했지.
- 거기서는 몇 명이나 치유되었는데요?
- 치유를 원하여 나온 사람이 6명이었어. 그 훈련에 참여한 인원은 40명이었고.
- 그러면 1인당 6명씩 배정되어 코이노니아 기도를 했겠군요?
- 그랬지. 원리를 다 가르쳐 준 것이고 원리를 따라 사랑의 중보기도를 하였지. 그리고 다음 날 간증 시간을 가졌더니 6명 전원이 치유되었다고 간증하더라고.
- 어휴, 100퍼센트네요?
- 응, 100퍼센트 치유된 간증은 거기서 처음인데, 6명 병은 다 기억나지 않고 한 분 기억나는 특이한 경우가 있었어.
- 일반적인 병이 아닌 특수한 병이었나 보지요?
- 응, 그분은 몇 년 전에 교통 사고로 한쪽 다리를 절단 수술하고 의족을 했대요. 그런데 그 후로 다른 데가 아픈 것이 아니라 그 의족이 너무 아파서 잠을 제대로 자지 못하고 고통스럽다는 것이에요.
- 아니, 의족이 아파요? 의족에도 신경이 연결되나요?
- 의족에 신경이 연결될 리가 없지.

- 그러면 의족과 맞닿는 부분이 아프다는 것인가요?
- 아니, 의족이 그렇게 아프대.
- 그런 게 어디 있어요?
- 그런 게 있대요. 의학적으로 환지통이라 부르는 병이래. 사고의 정신적 후유증으로 생길 수 있는 병이래. 실제로는 신경이 연결되지도 않아서 아플 수 없는데, 아픔을 느끼는 환상적 질병이라 환지통이라 부른대. 환상적으로 다리 아픔을 느끼는 질병이래요.
- 그렇다면 실제로는 육신적 질병이 아니고 정신적 질병이네요?
- 그런 것 같지? 그런데 그분이 나아서 그날 밤 전혀 통증 없이 잘 잤고 지금도 통증이 없다고 치유되었다고 간증하더라고.
- 하나님의 치유는 너무 신기하군요? 육체적, 정신적 어떤 질병이라도 제한이 없겠지요?
- 왜 아니겠나?
- 그 같은 치유 간증은 더 있겠지요?
- 있다마다 얼마든지 있지. 그러나 이만 하고 다음 주제로 넘어가야 하겠지?

🍃 찬양과 예배의 세계

- 아주 자주 경험하는 일은 아니어도 찬양할 때 치유의 역사를 보는 경우가 종종 있었는데 참고할 필요가 있을 것 같아.
- 찬양하다가 병 고침을 받는다고요?
- 그렇지. 찬송하면 병 낫는다는 구절은 없지만 찬송 중에 임재하시는 주님에 관한 말씀이 있지.

    시 22:3 이스라엘의 찬송 중에 계시는 주여 주는 거룩하시니이다

- 그러니까 찬송하고 예배하는 현장에 그 예배 그 찬송을 받으시는 주님이 오시기 때문에 고침받는 역사가 있게 된다는 원리인 모양이네요?
- 바로 그 말이지. 하여튼 바나바훈련원에서 우리는 자주 경험했어.
- 그 경험 간증도 한둘 나누어 주시지요?
- 그럴까? 한번은 어깨 디스크 환자인 목사님이 계셨는데, 찬양

예배 드리는 중에 찬양 인도자가 손을 올리고 찬양하자고 하니까 자기가 어깨 디스크 환자라서 손을 못 올린다는 것을 잊어버리고 손을 들어 올리고 찬양하게 되었다네. 한참 찬양하다 보니까 자기가 손을 높이 들어 올리고 찬양하고 있더라는 것이야.

- 찬양 속에 빠져 들어가서 인도자가 손을 올리자고 하니까 올렸는데 디스크 질병은 나아버리고 손 들고 찬양하였나 보네요?
- 아마 어깨 디스크 환자라 손을 못 든다고 생각하고 있었으면 손을 들지 못했을 것이야. 그것을 잊어버리고 오직 주님만 찬양했기에 손이 올라갔고 치유되었던 것이지. 어쨌든 중요한 것은 우리는 찬양하고, 찬양 가운데 주님께서 임재하시고, 주님께서 임재하시는 현장에는 그분의 긍휼과 사랑의 역사로 치유가 일어난다는 것이지.
- 그러니까 성령께서 임재하시는 현장에서 치유가 일어나는 것이네요?
- 그렇지? 13년 전에 축구를 하다가 다리 인대가 끊어지고 또 인대가 썩어서 인공 인대를 넣어 수술한 목사님이 우리 훈련원

에 오신 적이 있었어요. 의사가 말한 대로 뻗정다리로라도 걷기만 하여도 감사한 것이라고, 걷는 것에 감사하고 살았다네. 그러나 그래도 목사가 무릎을 꿇고 기도하고 싶다는 소원이 있었다는군.
- 인공 인대로 뻣뻣한 다리로 걸어서 다니는데 무릎은 꿇지 못하는 경우였나 보네요?
- 그랬대. 그러면서도 자기는 무릎을 꿇을 수 없는 운명이 된 거라고 생각하여 더 이상의 치유를 위하여는 기도하지도 않았대.
- 누구라도 그러지요?
- 그런데 여기 바나바영성수련회에 와서 다른 목사님들 치유 간증을 들으면서 전능하신 하나님이 손을 대시면 인공인대로 수술한 경우인들 못 고칠 것 있겠나 하는 믿음이 생겼대요. 그래서 무릎 꿇고 기도할 수 있게 해 달라고 기도하기 시작하였다는 간증을 하더라고. 그때 그분 간증은 기도하기 시작했으니 언젠가는 자기도 무릎 꿇고 기도할 수 있을 것이라는 믿음이 왔다고 간증한 것이야. 다음 날 강의하러 나가니 그 목사님이 맨 먼저 강의실에 앉아 학습준비를 하고 있더라고. 그런데 그를 보는 순간 나의 마음에 믿음이 와서 "목사님, 언젠가는

고침받고 무릎 꿇을 수 있는 날이 오리라는 믿음을 갖게 되었다고 간증하셨지요? 오늘이 그날입니다" 그렇게 말하게 되더라고.

- 그리고는 그날 나아서 무릎 꿇게 되었나요?
- 그에게 우리 모두의 손을 얹고 합심하여 기도했지. 그러나 당장 무릎을 꿇어보거나 하지 않고 강의가 진행되었지. 그리고 나서 마지막 종강 예배를 드리고 있었는데 찬양하는 중에 갑자기 그 목사님이 털썩 주저앉는 듯하더니 무릎을 꿇고 "감사합니다. 감사합니다" 눈물 흘리며 감격하며 찬양하더라고.
- 찬양 중에 거하시는 주님을 만났다는 말씀인가요? 찬양도 건성으로 하면 안 되고 진지하게 찬양해야겠네요?
- 그러니까 우리가 찬양하고 예배할 때마다 살아 계신 하나님을 믿고 만나고 감격하는 예배를 드릴 수 있다면 영도 마음도 몸도 치유받는 경험은 커지는 것이라네.
- 선배님 간증을 듣다 보니 오늘날 우리 예배가 진정 살아 계신 하나님을 모시고 만나는 예배가 되어야겠다는 강력한 소망이 생기네요. 우리의 오늘날 예배는 어쩌면 예전에 계셨던 하나님 추도예배처럼 예배하고 있는 게 아닌가? 반성을 많이

하게 됩니다.

❦ 말의 세계

— 하나 더 치유와도 관련되어 있고 건강한 삶과 관련하여 나누고 싶은 이야기가 있는데 그것은 말의 세계야. 우리가 입으로 혀로 말하는 말의 중요성을 기억해 두는 것도 치유와 건강한 삶에 유익할 것이야.
— 말도 치유와 관계가 있나요?
— 치유뿐 아니라 우리의 전반적인 삶에 자신에게나 다른 이에게나 상당한 영향을 미치는 것이 말의 세계야. 우선 말은 우리의 믿는 바를 스스로 인치는 일이기도 하지.

> 롬 10:10 사람이 마음으로 믿어 의에 이르고 입으로 시인하여 구원에 이르느니라

— 우리가 믿음으로 구원받는 것이지만 우리가 말로 시인하여 믿음을 나타내게 되고 구원을 확증하게 된다는 말이지. 그러므

로 건강한 삶과 치유에도 말로 시인하는 것이 중요하더라고. 단순한 치유와의 관계에서만 아니라 삶 전반에 막대한 영향을 끼치는 말의 세계에 대하여 조심할 필요가 있는 것 같아. 말의 세계에 대하여 우선 성경의 말씀을 살펴보자고.

> **민 14:28 그들에게 이르기를 여호와의 말씀에 나의 삶을 두고 맹세하노라 너희 말이 내 귀에 들린 대로 내가 너희에게 행하리니**

- 내가 충격적으로 말에 대하여 깨달음을 얻게 한 성경 구절이 위의 민수기 말씀인데, 이 말씀의 배경이 무엇인지 아는가?
- 그 배경은 이스라엘이 출애굽하여 가나안을 향해 갈 때 바란 광야에 진치고 머물며 12명의 정탐을 가나안에 보내어 정탐하게 하였고, 12명이 40일 동안 가나안을 정탐하고 와서 보고할 때 여호수아와 갈렙은 긍정적인 보고를 하지만 10명의 다수의 부정적인 보고를 듣고 백성들이 지도자와 하나님을 원망한 사건을 두고 하나님이 분노하시며 선포한 말씀이지요?
- 맞아. 그런데 상당히 엄중한 말씀의 선포예요. 이 말씀의 요지

가 무엇인 것 같은가?

- "너희 말이 내 귀에 들린 대로 내가 너희에게 행할 것이라" 하는데요. 이스라엘 백성들이 말한 것이 하나님의 귀에 들리고 들린 대로 행한다는 것이니 말한 대로 되게 하겠다는 것 아닙니까?
- 그런 내용이지? 그런데 이 선포가 얼마나 엄중한지 한번 묵상해 보라고. "나의 삶을 가리켜 맹세하노라" 하시지 않나?
- 그러면 내가 살아 있는 한 변치 않는 선포라는 뜻 아닙니까? 아니 하나님이 100세를 사세요, 1000세를 사세요? 영원히 사는 분이니 영원히 변치 않을 말씀이라는 뜻이네요?
- 그렇지? 그런데 그 내용은 무엇이라고?
- 말한 대로 되게 한다고요.
- 그러니 우리가 아무렇게나 함부로 말을 내뱉으면 안 될 것 같지 않나? 그나저나 이스라엘이 그때 내뱉은 말이 무엇이었던가?
- 원망의 말, 망하게 되었다는 부정적이고 불신앙적인 말이지요?
- 그래요. 그 부정적이고 불신앙적이고 원망하는 말에 기분 나빠 하시면서 20세 미만의 새 세대를 일으켜 가나안에 들어갈 것이고 성인 세대는 광야에서 다 죽고 망하리라고 선포하신

것이거든. 그리고 광야에서 40년간 방황하는 세대가 되고 40년 동안 광야를 돌면서 성인 세대 중에는 긍정적이고 신앙적인 말을 했던 여호수아와 갈렙만 가나안에 들어가고 나머지는 광야에서 다 죽게 되었지.
- 말 잘못했다가 엄청 고생하고 다 약속의 땅을 얻지 못하고 죽었네요?
- 그랬지. 그래서 정탐꾼 10명의 말과 여호수아와 갈렙 두 사람의 말과 백성들의 말을 숙고해 보면 우리가 기본적으로 어떤 말을 하고 사는 것이 건강하고 축복받고 선한 역사를 이루는지 알 수 있을 것 같지 않나?
- 선배님, 제가 일본과학자가 쓴 《물은 답을 알고 있다》라는 책을 읽은 적이 있는데 물도 사람의 말의 영향을 받는대요. 두 컵의 물을 두고 한쪽에는 욕하고 부정적인 말을 하고 한쪽에는 칭찬과 긍정적인 말만 해 주면, 긍정적인 말만 들은 물은 우리 건강에 가장 좋은 육각수로 변하고 부정적인 말만 들은 물은 그 형태가 부서지는 악수로 변한다는 이야기던데요?
- 김 목사도 그 책을 읽었나 보군. 나도 읽어 본 적이 있는데, 그렇게 물이 사람의 말에 따라 그 속성과 질이 달라진다니 놀랍

지 아니한가?

- 맞아요. 언젠가 MBC 방송에서 실험을 해서 보여준 게 있는데, 쌀밥을 두 그릇 떠 놓고 며칠간 한 그릇에는 부정적인 말, 한 그릇에는 긍정적인 말을 하고 나니 부정적인 말만 들은 밥에는 검은 곰팡이가 나고 긍정적인 말만 들은 밥은 하얗게 발효되는 것을 찍어 보여준 적이 있어요. 과학적으로도 말이 중요한 것으로 연구 발표되고 있어요.
- 그래, 그런 의미에서 오늘 여기 민수기 공부 좀 하면서 말에 대한 깨달음을 얻도록 하자고. 우선 여호수아가 정탐 보고를 할 때는 긍정적인 말로 보고를 하지.

> 민 13:27 모세에게 말하여 이르되 당신이 우리를 보낸 땅에 간즉 과연 그 땅에 젖과 꿀이 흐르는데 이것은 그 땅의 과일이니이다

이렇게 보고하면서 또 그 땅 백성들이 강하고 성읍은 견고하다는 사실도 사실대로 보고하였지. 그러나 그 톤은 긍정적이었어. 그러자 거기에 갈렙이 "올라가서 그 땅을 취하자 우리가

이기리라"라고 말하거든. 그런데 이렇게 여호수아와 갈렙이 긍정적으로 보고하자 나머지 10명은 이에 대하여 이의를 제기하며 부정적인 보고를 하지.

> 민 13:31-33 그와 함께 올라갔던 사람들은 이르되 우리는 능히 올라가서 그 백성을 치지 못하리라 그들은 우리보다 강하니라 하고 이스라엘 자손 앞에서 그 정탐한 땅을 악평하여 이르되 우리가 두루 다니며 정탐한 땅은 그 거주민을 삼키는 땅이요 거기서 본 모든 백성은 신장이 장대한 자들이며 거기서 네피림 후손인 아낙 자손의 거인들을 보았나니 우리는 스스로 보기에도 메뚜기 같으니 그들이 보기에도 그와 같았을 것이니라

- 그러자 이스라엘 온 회중은 밤새도록 통곡하며 원망하고 절망하는 모습을 보이지(민 14:1-5).
- 부정적인 말은 백성 전체를 절망과 원망의 세계로 몰아넣었네요?
- 그래 말이야. 그런데 가만히 들여다보면 이 10명의 보고는 처

음부터 부정적인 사람들임을 보여주고 있고 앞뒤가 안 맞아요. 사람들이 조금만 주의하면 그들의 말이 맞지 않는다는 것을 알 텐데…. 부정적인 말은 더 강한 영향을 주는 것 같아.

- 뭐가 앞뒤가 안 맞는데요?
- 그 땅은 사람을 삼키는 땅이라 했지?
- 사람 못 사는 땅이라 말한 셈이지요?
- 그런데 어떻게 그 땅에 사는 사람들이 크고 강하고 튼튼해서 못 이긴다고 하지?
- 그러네요? 사람 살 만한 땅이 못 되면 그곳에 사는 사람들이 굶주려 작고 약해야 할 텐데 말입니다?
- 그래서 우리는 할 수 있는 대로 긍정적인 말을 사용해야 할 것 같아. 내 개인적인 간증 하나 나누고 싶은데….
- 말해 주세요. 간증은 언제나 실감 나는 적용의 지혜를 주니까요.
- 내가 6.25 전쟁 피난 시절 못 먹고 병들고 하면서 자라서 그런지 평생 몸이 약하고 힘들어하면서 사역을 했다고 말한 적이 있지?
- 그랬지요?

- 그래서 밤에 잠도 설치고 새벽에 일어나려면 천근만근 몸이 무거워 짜증나거든. "잠을 자고 나면 거뜬한 날이 있어야지, 뭐 이렇게 천근만근이야" 짜증 내는 소리를 내면서 일어나곤 했었지. 그리고 밖에서 사역하다가 집에 들어오면 날마다 하는 말이 "아, 피곤하다" 피곤하다는 말이 늘 붙어 다녔어. 결혼 초기에는 내가 피곤하다며 들어오면 아내가 따뜻한 물을 대야에 가져와 발 담으라며 발 마사지를 해 주곤 했는데, 몇 달 지나니까 국물도 없더라고.
- 무슨 말씀입니까? 국물도 없다니요?
- "당신 안 피곤한 날 있어?" 하고 핀잔만 하지 발 마사지도 안 해 주더라고.
- 매일 피곤하다는 말에 사모님이 지쳐 버린 모양이네요?
- 그랬나 봐. 그러다가 이 민수기 말씀을 묵상했는데 충격을 받았어. 매일 피곤하다고 말했으니 갈수록 더 피곤해진 것이고 매일 몸이 무겁다고 짜증내는 말을 했으니 갈수록 더 무거워진 것이로구나, 그런 생각이 들어 우선 말부터 고치기로 작심했지.
- 그래, 어떻게 말이 바뀌었는데요?

- 들어오면서 아내에게 말할 때는 예전에는 "여보, 나 오늘 진짜 피곤하다" 이런 식으로 말하곤 했는데, 이제는 "여보, 나 내일은 거뜬하게 일어날 것 같아" 그렇게 말하고 또 새벽마다 "잠을 자고 나면 거뜬한 데가 있어야지, 매일 천근 만근이야" 이렇게 짜증내며 부정적인 말을 하곤 했는데, 이제는 이불을 박력 있게 차 내버리면서 "할렐루야! 감사합니다" 그렇게 말하면서 일어나지. 그리고 "할렐루야 우리 예수 부활 승천하셨네" 부활 찬송을 부르곤 했어.
- 현실은 피곤한데 피곤하다는 말 대신 미래지향적으로 내일은 거뜬할 것이라고 표현했네요. 실제는 피곤하다는 뜻이 포함되어 있지만 말은 긍정적으로 바꾼 것이네요?
- 그랬지. 그래 긍정적인 말로 바꾸고 몇 년 지나다 보니 다시 아내가 발 마사지를 해주게 되었어요. "나 내일은 거뜬할 것 같아" 이렇게 말하면 "아무렴 거뜬해야지" 화답하면서 대야에 따끈한 물을 담아 가지고 와요. 그리고 새벽에 일어날 때 할렐루야를 잊어버렸어요.
- 할렐루야 부활 찬송을 잊어버리는 것은 좋은 일 같지 않은데, 왜 잊어버려요?

- 할렐루야 하기 전에 벌떡 일어나 있는 것이에요.
- 그렇게 거뜬히 일어난다는 뜻인가요?
- 그런 이야기야.
- 말을 긍정적으로 바꾸어 생활하니까 현실도 긍정적으로 바뀐 것이네요?
- 그렇다니까. 긍정적인 말이 건강한 삶에 중요하더라고. 이게 우연의 일치인지는 모르겠는데 내가 한 번은 캐나다 토론토 대한기도원에서 광복절 기념 부흥회를 한다면서 강사로 와 달라고 해서 갔는데, 거기 두 사람의 암 환자가 참석했어요. 한 사람은 목사였고 한 사람은 남자 집사였는데 두 사람 다 그 주변 사람들의 이야기에 의하면 굉장히 비판적이고 부정적인 사람이라는 것이야. 긍정적인 말을 그들에게서 들어본 적이 없다는 것이야. 어쩌면 부정적인 말만 내뱉는 것이 자신들에게 암병을 가져왔는지도 모른다고 그러더라고. 할 수 있는 대로 긍정적으로 말하는 습관을 만들어야 할 것 같아.
- 두 암 환자가 나았다는 간증하시는 줄 알았는데 끝이에요?
- 조금 기다려. 다시 민수기로 돌아가자고. 백성들이 통곡하고 원망하고 민란이 일어날 듯하자 여호수아와 갈렙이 옷을 찢고

소리 질러 하는 말을 보라고.

> 민 14:6-9 그 땅을 정탐한 자 중 눈의 아들 여호수아와 여분네의 아들 갈렙이 자기들의 옷을 찢고 이스라엘 자손의 온 회중에게 말하여 이르되 우리가 두루 다니며 정탐한 땅은 심히 아름다운 땅이라 여호와께서 우리를 기뻐하시면 우리를 그 땅으로 인도하여 들이시고 그 땅을 우리에게 주시리라 이는 과연 젖과 꿀이 흐르는 땅이니라 다만 여호와를 거역하지는 말라 또 그 땅 백성을 두려워하지 말라 그들은 우리의 먹이라 그들의 보호자는 그들에게서 떠났고 여호와는 우리와 함께하시느니라 그들을 두려워하지 말라 하나

- 여호수아는 다시 한번 긍정적인 말로 확증하네요? "우리가 두루 다니며 정탐한 땅은 심히 아름다운 땅이라" 해요. 그리고 "과연 젖과 꿀이 흐르는 땅"이라고 하고요. 그런데 10명에게는 아름다운 땅은 안 보이고 황무지만 보였을까요?
- 사실대로 말하자면 두 사람의 긍정적인 보고도 사실에 맞고 10명의 부정적인 보고도 사실에는 맞는다고 보아야 할 것이

야. 왜냐하면 가나안 땅에는 요단강변 비옥한 들녘도 있고 유대 광야 황무지도 있으니까. 그런데 여호수아와 갈렙은 비옥한 땅 중심으로 보고하며 긍정적이고 10명은 황무지 중심으로 생각하고 부정적인 것이지. 우리 삶의 여건도 언제나 긍정적인 요소와 부정적인 요소가 공존해요. 긍정적인 것을 찾고 긍정적인 것을 중심으로 생각하고 감사로 살아야지. 그리고 여기 여호수아와 갈렙의 말에는 긍정적인 것 외에 한 가지가 더해졌어.

— 뭐가 더해져요?

— "여호와께서 우리를 기뻐하시면 우리를 그 땅으로 인도하여 들이시고 그 땅을 우리에게 주시리라."

"그들은 우리의 먹이라 그들의 보호자는 그들에게서 떠났고 여호와는 우리와 함께하시느니라."

뭐가 더해진 것 같은가?

— 아, 보인다. 하나님이 더해졌는데요? 믿음의 말이 더해진 것입니다. 아무리 가나안 사람들이 크고 강하다고 해도 하나님께서 함께하시므로 이길 것이고 그 땅은 우리가 차지하게 된다는, 믿음의 말을 선포하고 있는 것이지요?

- 바로 보았어요. 긍정적일 뿐 아니라 믿음으로 말하는 모습이에요. 하나님께서는 말할 것도 없이 불신앙의 말보다는 믿음의 말을 기뻐 받으시겠지?
- 그러겠지요?
- 내가 경험한 믿음의 말이라는 것의 중요성을 간증하고 싶은데 너무 유치한 이야기라고 할까 봐서….
- 말해 주세요. 유치하다고 안 할게요. 우리도 긍정적으로 말해 드릴게요.
- 그러면 내가 간증할 테니 중간에 말을 끊지 말게. 몇 해 전 훈련을 진행하다가 훈련생 중에 환자들이 있다 하여 치유를 위한 기도를 하기로 했어요. 치유받기를 원하는 사람은 나오라 하니 10명이 나오더군. 그들을 놓고 나머지 사람들이 각각 분담하여 사랑의 중보기도를 하며 치유를 위하여 공동체적으로 기도하였지. 다음 날 확인하고 간증을 하라 했더니 세 명이 고침받았다고 간증하더군. 그래서 나머지 7명을 위하여 한 번 더 기도하기로 하였지. 그 시간에는 나도 기도를 받겠다고 하였어. 왜냐하면 내가 치통이 심해서 음식을 씹을 때 신경을 건드리면서 찍찍 통증을 느껴서 매우 고통하고 있었고, 치과에

갔었지만 정확하게 어느 이인지 찾지 못하고 많은 이가 아말감으로 해 넣거나 싸여 있어서 정확하게 알고 하나만 건드리지 않고 막연하게 공사를 시작하면 공사가 너무 커질 것 같다고 하여 실험하고 찾으며 고생하고 있던 터인지라 기도받고 고침 받고 싶었지.

내가 내려가 기도받겠다고 앉자 이제야 믿음이 오는지 용기가 오는지 기도받겠다고 나오는 사람이 있어서 도로 환자가 10명이 나와 기도받게 되었지.

- 어제는 기도받으러 안 나왔던 분이 나온 모양이네요?
- 이야기 끊지 말라고 했지 않아?
- 아 그렇지.
- 내가 기도받게 되니까 기도를 진행하고 대표 기도하여 마무리할 사람이 필요해서 제일 나이 어린 전도사님에게 그 일을 맡겼지. 전도사님이 할 수 있으면 누구라도 할 수 있다는 것도 보일 겸 막내가 대표로 기도 인도하고 대표로 선포하고 마감 기도 하도록 했지.

기도가 한동안 열심으로 진행되고 나서 전도사님이 마감 기도를 하면서 좀 흥분되고 떨리는 듯한 목소리이긴 했지만 선포와 명령 기도도 본 대로 배운 대로 시행하더군. 보통 "이강천 목사님의 치통은 치유될지어다" 이렇게 선포하는데, 이 전도사님이 기도할 때는 "이강천 목사의 치통은 치유되었느니라" 그렇게 선포하는 거예요.

- 전도사님이 더 세게 나왔네요?
- 그랬지. 나는 '아멘' 소리쳤지. 기도가 끝난 후 어떻게 내 차례에 기도할 때 이미 치유된 것으로 선포하게 되었느냐고 물었더니 자신은 모른다고 하더군. 나는 성령께서 하게 하신 선포인 줄 믿고 믿음으로 나은 것으로 알고 저녁 식탁에 갔지.

첫 숟가락 콩나물을 한 젓가락 집어넣고 그 치통이 있던 왼쪽이로 씹었어. 찍 하고 통증이 오는 거야. 전혀 변화가 없었지. 내가 왼쪽으로는 더 이상 씹지 못하고 오른쪽으로 간신히 씹어 삼키고는 말했지.

"치통아, 네가 예수의 이름을 무엇으로 알고 예수 이름으로 선포되었거늘 아직 남아 있단 말이냐? 썩 사라지거라."

그리고는 다시 한 젓가락 넣고 왼쪽으로 씹었지. 다시 찍 하고 통증이 치밀어요. 그래 하마터면 "아직 안 나았잖아" 이렇게 말할 뻔했어요. 그러나 나는 다시 믿음을 가다듬고 말했지.

"치통아 너는 떠나야 해. 예수 이름으로 명령을 받았잖아? 속히 떠나가거라."

그리고는 다시 한 젓가락 집어 왼쪽으로 씹었지. 여전히 찍 하고 통증이 오는 거야.

- 굉장히 시험받으셨네요?
- 잠시 갈등이 생기더군. 아니야, 이것은 고침받은 것이야 생각하고 다시 말했지.

"치통아, 내가 분명히 말한다. 너는 떠나가라. 나는 예수 이름으로 치유되었느니라. 나는 내 왼쪽 이로 씹을 것이야."

그리고 왼쪽으로 씹었지. 드디어 더 이상 통증이 걸리지 않더라고.

- 아, 힘들다. 듣는 나도 힘든데, 그 시험을 어떻게 끝까지 믿음으로 밀어붙이셨어요?
- 사실 믿음으로 끝까지 말한다는 게 그렇게 힘들더라고. 하여튼 그 이후 지금까지는 20여 년 동안 통증을 느끼지 않아요. 믿음의 말을 주님께서는 인치시고 응답하셨다고 보는 것이지. 뭐 이야기하고 나니까 조금 쑥스럽네. 너무 어린아이 같은 이야기라서.

- 어린아이 같기는 하지만 그 어린아이 같은 믿음을 주님께서 받으셨네요?
- 그래 말이야. 자, 다시 민수기 이야기로 돌아가서, 백성들이 무슨 말을 하다가 40년 광야 생활 하고 광야에서 다 죽게 되었다고 했지?
- 원망의 말이지요?
- 그랬지. 우리는 원망의 말, 짜증의 말, 불평의 말을 많이 하면서 사는데 우리에게서 이러한 말은 제하여 버리고 그 반대말인 감사의 말을 하면서 살아야 할 것 같아. 나는 감사는 하나님의 축복의 세계에 코드를 꽂는 것과 같다고 생각해. 감사하는 말만 하며 살면 그 인생은 이미 복된 인생이야. 그리고 감사의 말을 하고 살면 건강해져.
- 종합하면 긍정적인 말, 믿음의 말, 감사의 말이 건강한 말이고 복된 삶을 만드는 말이네요?
- 김 목사가 잘 정리해 주어서 좋긴 한데 왜 내 얘기 끊고 정리해 버리나? 그만 이야기하라는 것 같네?
- 아니, 아녜요. 감격스럽게 깨달아져서 내 마음에 간직하려고 정리한 것인데요?

- 그래? 용서할게. 조금 더 이야기하면 일본 목사님이 쓴 글을 읽다가 이런 간증을 발견했어요. 신자 중에 한 사람이 반신불수가 되었다네. 그를 위하여 기도할 때 성령께서 가르치셨다는 것이야.

"그 녀석은 내 은혜의 치유를 받기 위하여 말부터 고쳐야 하느니라. 그는 입만 열면 불평이요 짜증이요 원망이다. 그에게 감사의 말을 연습하라고 일러라."

그리하여 그 목사님은 그 신자에게 가서 하루에 만 번씩 감사의 말을 하도록 숙제를 냈대요. 다행이 그 환자는 그 목사님의 말을 받아들여 매일 만 번씩 감사의 말을 하나님을 향하여, 사람을 향하여 "감사합니다. 고맙습니다" 그렇게 종일 말하곤 했대. 몇 개월 지나서 수족이 풀리고 건강을 회복하게 되었다는 간증이 쓰여 있더라고. 과연 감사는 하나님을 신뢰하는 것이고 하나님의 축복의 세계에 코드를 꽂는 일이야. 감사의 말은 축복을 부르고 감사의 말은 인생을 건강하게 만드는 길이에요. 내가 캐나다 토론토 기도원 집회에 두 명의 암 환자가 왔었다는 이야기했지?

- 네. 한 분은 목사님 또 한 분은 집사님이라고 하셨습니다. 그

리고 두 분의 특징은 비판, 불평 불만이 많은 부정적 언어 사용자라는 공통점이 있다고 하였습니다.

- 그랬지? 그런데 그 집회 기간 중 한 분은 고침받고 한 분은 고침받지 못했어.
- 집사님이 나았나요, 목사님이 나았나요?
- 그 경우에서는 목사님이 나았는데, 내 설교를 들으면서 그 목사님이 자기의 비판적이고 부정적인 말을 함부로 쏟아내던 일을 눈물로 회개하였다는 것이야. 그리고는 암이 사라졌대. 나중에 병원에 가서도 확인되었고.
- 집사님은요?
- 집사님은 회개하는 눈치가 안 보이더라고. 아멘도 안 하고 여전히 어두운 얼굴을 하고는 집회를 흘려 보냈어.
- 그것 참 아쉬운 일이군요?
- 그랬어. 다행히 그 목사님은 고침받고 지금까지 감사로 목회하고 계시더군.
- 감사하군요?
- 그래. 이제 치유의 세계에 대하여 하나만 더 이야기하여야 할 것 같은데?

- 말씀, 기도, 찬양, 말의 세계 말씀하셨는데 더 있나요?
- 응, 이 모든 것을 묶어서 하나가 더 있어. 그것은 믿음의 세계야.

❦ 믿음의 세계

- 우리가 믿음의 말을 해야 한다고 하였거니와 말만이 아니라 말씀에 대하여도 믿음으로 반응해야 하고 기도하고 믿어야 하고 말도 믿음으로 해야 하고 찬양도 주님을 믿고 신뢰하는 마음으로 하여야 하고 병도 믿음으로 고침받는 것 아닌가?
- 구원의 은혜부터가 믿음으로 받는 것이니 치유도 믿음으로 받는 것이겠지요? 예수님께서도 고치시면서 믿음을 강조하신 적이 많지요?

> 마 9:29 이에 예수께서 그들의 눈을 만지시며 이르시되 너희 믿음대로 되라 하시니

- 그래요, 치유는 전적으로 하나님께 의존하는 신유이기 때문에

믿음으로 받는 것이지. 믿음의 세계에서 치유의 세계는 열린다고 보아야지.
- 앞에서 선배님은 환자의 믿음은 묻지 말고 조건 삼지 말고 기도자의 믿음으로 기도하라고 하셨지 않나요?
- 맞지, 그랬지. 하지만 믿는 마음이 있으면 훨씬 나은 것이지. 기도자의 입장에서는 조건 삼지 말아야 하지만 환자 본인의 입장에서는 자신이 믿으면 치유가 빠르지.
- 그러겠지요? 믿는다면 구체적으로 무엇을 어떻게 믿는다는 것일까요?
- 기본적으로는 치유하시는 하나님을 믿어야지. 좀 더 부연하자면 다음과 같이 믿어야지.

❦ 말씀을 믿을 것

> 마 8:17 이는 선지자 이사야를 통하여 하신 말씀에 우리의 연약한 것을 친히 담당하시고 병을 짊어지셨도다 함을 이루려 하심이더라

🌿 기도응답을 믿을 것

막 11:24 그러므로 내가 너희에게 말하노니 무엇이든지 기도하고 구하는 것은 받은 줄로 믿으라 그리하면 너희에게 그대로 되리라

🌿 믿음으로 말할 것

마 17:20 이르시되 너희 믿음이 작은 까닭이니라 진실로 너희에게 이르노니 만일 너희에게 믿음이 겨자씨 한 알만큼만 있어도 이 산을 명하여 여기서 저기로 옮겨지라 하면 옮겨질 것이요 또 너희가 못할 것이 없으리라

- 믿음과 치유에 관한 간증은 없나요?
- 있지. 부산에 있는 한 교회에서 주일 오전과 오후, 일일부흥회라는 이름으로 초청받아 가서 설교한 적이 있지. 사실 담임 목사는 내 동기 친구였어.
- 친구도 보고 싶고 특별한 설교도 듣게 하고 싶고 하여 초청했

던 모양이네요?

- 글쎄 그랬던 모양이야. 그런데 그 친구 목사가 오후 설교 들어가기 전에 오후 설교 끝나고는 신자들 안수기도를 해 달라는 것이야. 특히 병들어 고생하는 환자들이 많으니 치유의 안수를 해 달라고 간청하더라고.
- 안수하는 은사가 없다고 하지 않았나요?
- 그렇지? 올라오는 열차 시간도 있고 해서 많은 시간 할애할 수도 없고 안수의 은사가 없기도 하고 하여 고침받기 원하는 사람은 일어서고 각자가 자기의 손을 아픈 부위에 얹으라고 하고 내가 대표로 기도했지. 그런데 그중에 다리가 아파서 스스로 걷지 못하고 부축을 받고 교회에 온 분이 있었는데, 혼자 투덜댔다는군.
- 왜요? 왜 투덜대요?
- "다리 아픈 사람 고쳐 주고 일어나라 하여야지, 일어나면 고쳐 준다고 하면 나는 어떻게 하란 말이야?" 하면서 투덜대고 있었대.
- 그러겠네요? 다리 아픈 사람 고쳐 주고 일어나라 하여야지, 일어나면 낫는다 하여도 어쩌지 못하니 투덜댔겠네요?

- 그랬겠지? 그런데 "일어나라 하면 일어날 것이지, 무슨 잔소리가 많은가?" 하며 누가 뒤통수를 때려서 깜짝 놀라 일어나 둘러보니 아무도 자기를 때린 사람이 없고 자신은 일어나 있었고 그 시로 고침받아 걸어갔다는 보고를 받았어요.
- 재미있는 이야기네요. 누가 때렸을까요? 성령께서 때리셨나요? 하여튼 깜짝 놀라 일어났고 그대로 일어났네요?
- 그랬다네.
- 하나님은 믿음을 도우시기도 하시고 믿음을 도전하기도 하시는 모양이군요?
- 그런 것 같지? 케네스 해긴 목사님의 글에 이런 이야기가 있더군. 해긴 목사님이 치유 집회를 하고 있는데, 어느 날 밤 설교 현장으로 들어가는 입구에서 어떤 신자가 기다리더니 해긴 목사님을 붙들고 지금 즉시 자기를 위하여 안수하여 달라고 보챘다는 것이야. 그 담임 목사님이 이를 제지하며 타일렀대.

"설교 후에는 일일이 안수해 줄 것인데 기다리고 은혜받고 안수받으시지, 왜 이러십니까?" 그랬더니 그 환자가 말하기를 "저 바쁘다 말입니다."

"무엇이 그리 바쁩니까?"

"저 너무 아파서 앉아 있지도 못합니다. 얼른 안수받고 가서 침대에 누워야 합니다."

- 하하하, 빨리 안수받고 침대에 누워야 한다고요? 개그하시는 것인가요?
- 아니 내 얘기가 아니고 그 환자가 그러더래. 그리고 해긴 목사가 그리 썼더라고. "이렇게 믿으면 안수한들 무슨 치유를 받을 수 있겠습니까?"
- 결론은 믿음이네요. 믿음이 치유를 받는 비결 중의 비결이 맞지요. 그런데 선배님, 그렇다면 우리가 치유를 위해서 기도할 때 의문이 하나 생겨요.
- 무슨 의문인데?
- '한번 치유가 되면 영원한 것인가, 다시 그 병이 발생하지 않는가?' 하는 점이고요. '하나님을 믿는 사람은 병을 다 고침받고 병이 없이 살 수 있는가? 치유가 절대적인가? 여전히 병으로 남을 수도 있지 않은가?' 하는 점들이 궁금한 의문입니다.

7.
치유는 절대적이거나 영원한 것인가?

- 좋은 질문일세. 김 목사는 어떻게 생각하나?
- 타락한 인간에게 죽음이 선포되었으므로 질병은 죽음의 전조로서 늘 존재하는 것이고, 늙고 쇠하고 병들고 죽어가는 것도 자연스러운 섭리 아닌가요?

🌿 사람은 죽게 되어 있다.

히 9:27 한 번 죽는 것은 사람에게 정해진 것이요 그 후에는 심판이 있으리니

— 우리는 다 죽음을 향해 가고 있기에 이 땅에 절대적인 건강은 없지. 죽음을 향해 가고 있는 인생에 절대적인 건강, 절대적인 치유는 없다고 보아야 하지. 따라서 치유받았다가 다시 같은 병에 걸릴 수도 있고 다른 병에 걸릴 수도 있지.

고통에서 해방시키는 하나님의 사랑을 믿고 고쳐 달라고 기도하고 고침받고 하지만 때로는 병들고 고생하고 하는 수도 있고, 또 기도하고 또 고침받고 살지만 영원한 치유는 아닌 셈이지.

— 또 관리를 잘못한다든지 해서 재발할 수도 있겠군요?

— 그렇겠지? 아마도 영원한 치유는 부활만일 것이야.

✤ 부활만이 절대적이요 영원한 치유

— 우리의 육신이 완전히 치유되고 새롭게 되는 부활의 소망만이 영원한 것이군요?

> 고전 15:42-44 죽은 자의 부활도 그와 같으니 썩을 것으로 심고 썩지 아니할 것으로 다시 살아나며 욕된 것으로 심고 영광스러운 것으로 다시 살아나며 약한 것으로 심고 강한 것으

로 다시 살아나며 육의 몸으로 심고 신령한 몸으로 다시 살아
나나니 육의 몸이 있은즉 또 영의 몸도 있느니라

- 영원히 살아가게 될 신령한 몸으로 부활하는 날 영원한 건강, 절대적 치유를 받는 것이지.
- 그렇다고 병든 채로 영원만 바라보고 살아가라고 할 수도 없지 않나요? 치유를 위해 기도하고 고침을 받을 기대로 기도해야 하지요?
- 이 땅에서 사는 인생도 하나님 인정하시고 사랑하시고 복을 주시니 일단 병을 고쳐 달라고 기도하고 고침받고 건강한 삶을 누리기를 기대하고 받아야지. 그러나 건강 문제를 하나님의 사랑과 우리 삶의 의미의 절대적 척도로 삼아서는 안 된다는 것이지. 그리고 질병이 이 땅에서는 사명일 때도 있고 은혜일 수도 있다는 것도 기억해야 될 거야.

❦ 질병이 사명일 수도 있다

고후 12:7 여러 계시를 받은 것이 지극히 크므로 너무 자만하지 않게 하시려고 내 육체에 가시 곧 사탄의 사자를 주셨으니 이는 나를 쳐서 너무 자만하지 않게 하려 하심이라

- 바울 사도는 평생 무슨 육체의 질병이 있었던 모양인데, 그것이 자신이 받은 능력이 많아 교만하지 않게 하는 하나님의 섭리였다고 고백하며 평생 질병을 안고 살았던 것 같지요?
- 그런 경우도 있다네. 나도 비슷한 경험이 있는데 어려서 피난 시절 위장병, 폐결핵, 심장병을 앓던 내가 예수 믿고 희망을 얻고 병이 하나씩 치유되었는데, 완치되지 않은 것이 하나 있어.
- 어떤 병인데요?
- 위장병, 위장병은 나아지기는 했는데 완치되지 않고 평생 나를 약하게 하는 작용을 하거든.
- 위장병은 왜 남겨두셨을까요?
- 평생 몸이 약하여서 한번은 하나님께 항의성 기도를 한 적이 있지.

— 항의성 기도요? 그건 뭐예요?

— 하나님께 물으며 따지듯 기도한 적이 있어. 그런데 "내가 널 완전히 고칠 수 없어서 놓아두는 게 아니다. 너는 연약한 증인으로 살고 일할 수 없겠느냐?" 그리 말씀하시더라고

— 연약한 증인이 뭐지요?

— 내가 연약하여 하나님의 큰일, 하나님의 영광을 오히려 드러내는 증인이라는 말이지. 연약한 중에 강하고 위대하신 하나님이 나타나게 하는 사명이라는 말이야.

— 아직도 무슨 뜻인지 모르겠는데요?

— 내가 훈련원을 하고 있었지. 그때 훈련받은 목사들이 친구들을 훈련받도록 권할 때 그랬다는 것이야. "이강천 목사, 영성이 훌륭한데 언제 돌아가실지 모르니까 너 미루지 말고 바로 훈련 등록해" 그렇게 권했다는 것이야.

— 그래 지체 없이 훈련받으러 오게 한 모양이네요?

— 그리고 훈련받으러 들어오면 첫 시간부터 내 강의를 들으며 그렇게 느낀대. "이분 이번이 마지막 강의를 하는구나" 그러면서 유언처럼 들린다는 것이야. 그래 듣는 이들이 사뭇 진지해지면서 성령의 감동을 받게 되는 것이야.

- 그 정도로 약하고 그러셨어요?
- 훈련원장 시절 그랬어. 그러니까 내가 강의를 잘해서 목사나 선교사들이 은혜받는 게 아니라 유언처럼 들리는 그 분위기에 압도되어 듣다 보면 성령의 음성을 듣게 되면서 학위도 주는 곳이 아닌데 1년씩 훈련을 받게 되고 하나님의 은혜와 능력을 경험하게 되었던 것이야. 그렇게 연약한 증인으로 쓰신 것이었어. 그러니 내가 건강이 안 좋아 허덕이면서도 나는 사명이니까 감사함으로 감당했던 것이야.
- 바울 사도가 질병으로 약한 가운데 그를 통하여 하나님의 능력이 나타난 것과 같은 원리네요?
- 바울 사도와 비교하니 좀 부끄럽긴 한데, 말하자면 그렇게 평생 질병을 지고 살게 섭리하시는 경우도 있으므로 질병이 하나도 없는 완전한 치유라는 것은 이 땅에서는 없고 때로 하나님의 섭리 속에서 질병을 안고 사는 경우도 있단 말이지.
- 그게 하나님의 섭리 중에 있는 질병인지 아닌지 어떻게 알지요? 고쳐 달라고 기도해야 할지 말아야 할지 모르지 않아요?
- 모르지. 그러니까 우리는 어떤 질병이라도 고쳐 달라고 기도하는 것이야. 만약 하나님의 섭리 중에 질병을 안고 가야 할

섭리라면 하나님께서 가르쳐 말씀하실 것이니까, 본인에게 말이야.

- 그것을 알지 못하는 우리로서는 어쨌든 고쳐 달라고 부르짖는 것이네요?

🌱 질병이 은혜일 수도 있다

- 그렇지. 성경에는 고난이 유익이라 하지 않던가? 잠시 동안 질병이라는 고난을 통하여 하나님이 더 큰 은혜를 주시려고 잠시 훈련상 질병 가운데 두실 수도 있지.

> 시 119:71 고난당한 것이 내게 유익이라 이로 말미암아 내가 주의 율례들을 배우게 되었나이다

- 질병으로 훈련하는 경우도 있다는 것이지요?
- 그래. 나도 경험했는데 1988년 저체중 저혈압 증세로 1년간 요양생활한 이야기 했지?
- 그러셨지요. 그러는 중에 "성령의 능력으로 갈릴리에" 기도하

시고 성령의 은사들을 경험하셨다고 하셨지요?
- 나는 그 1년의 요양생활이 얼마나 축복이 되었는지 몰라. 그때 성령 사역의 원리를 깨닫고 사모하면서 그 이후 나의 사역이 차원이 달라졌고 지금까지도 쓰임받는 비결이 된 것이야.
- 네, 질병이 축복일 수도 있군요? 이 경우도 훈련 중이어서 질병 가운데 잠시 두게 하시는 것인지 아닌지 우리는 모르지 않아요?
- 그러니까 그것은 하나님께서 본인에게 말씀하실 테니 우리는 그저 고쳐 달라고 기도하는 것이야.
- 이 땅에서 우리의 육신은 영원한 것이 아니니 치유도 절대적인 것이 아니고 상대적이니 때로는 질병 속에서도 감사하며 살 수 있지만 친구 된 교회 공동체로서는 다 알 수 없으니 기도할 일이요, 환자 자신들은 하나님의 음성에 귀 기울이며 질병 중에 주시는 은혜를 받아야 하겠네요?
- 좋은 결론이야.
- 그럼 이제 치유사역을 어떻게 적용하면 좋은지 말씀해 주시지요.

8.
적용을 위한 제언

- 어떻게 적용하면 좋을 듯하나?
- 글쎄요. 개척교회와 기존 대형교회의 접근은 달라야 할 것 같은데요?
- 그러겠지? 그러면 우선 개척교회에 적용하는 것을 먼저 이야기해봄세.
- 개척교회가 조금 더 단순하겠지요?

❦ 개척교회의 경우

- 물론이지. 개척교회의 경우는 아직 굳어진 교회 문화가 없고

당회도 없고 하니까 담임목사의 확신만 있으면 시행할 수 있거든. 그래서 개척교회에서는 주일 아침 예배에서부터 시행하기를 권하지. 주일 아침 예배가 그래도 가장 많이 회집하니까 공동체적 기도를 하기에 가장 좋지.

— 주일마다 아픈 사람 나오라고 하고 나온 사람들 위하여 함께 손을 얹고 기도하면 될까요?

— 그래도 되지만 교회마다 치유기도 신청서를 구비해 두고 환자로 하여금 자신의 의지로 신청서를 써서 제출하도록 하는 것이 좋을 것이야.

— 치유기도 신청서를 구비해야겠군요? 치유기도 신청서 양식은 어떤 식으로 하면 좋을까요?

— 그건 김 목사가 한번 디자인해서 만들어 보게.

— 그래요? 이렇게 만들면 될까요?

치유기도 신청서

이름:	전화번호:
교회 직분:	주소:
병명	기간
1.	
2.	
3.	
4.	
5.	

- 오, 훌륭한 디자인이군.
- 그런데 하나 질문이 생기는데요.
- 무슨 질문이?
- 이 신청서를 써 내면 공동체적으로 기도할 것 아니에요?
- 그렇지?
- 그런데 한 번 기도해도 안 나을 경우 다음 주일에 또 써내야 하는가, 아니면 한 번 써내면 그것을 보관하면서 나을 때까지 기도하는가 하는 것인데요?

- 김 목사 생각은 어떤가?
- 한 번 써내면 보관하고 체크하면서 나았다는 보고 내지 간증이 들어올 때까지 계속 기도해야 할 것 같은데요? 치유기도 신청서를 관리하는 봉사자도 있어야 할 것 같고요? 보고나 간증이 안 들어오면 관리자가 전화해서 직접 확인도 하고요.
- 그렇게 하면 좋을 것 같군.
- 또 하나의 질문은 치유기도를 신청한 사람이 많을 경우 한꺼번에 기도해야 할지, 한 사람씩 기도해야 할지 그것도 과제인데요?
- 그것도 김 목사 생각으로 제안해 보게.
- 우선 도매금으로 기도하는 분위기가 되면 안 좋을 것 같고, 가능한한 최대한 한 사람 한 사람 집중하여 기도하는 것이 최선일 것 같은데, 그러다 보면 예배 시간이 한없이 늘어지는 경우도 있을 것 같고요?
- 그러니 잘 절충하는 지혜를 써보게.
- 환자 한 사람당 함께 기도해 줄 사람이 세 명 이상은 되는 게 분위기상 맞을 것 같으니, 그 정도로 나누어서 기도하고 또 기도하고 해야 할 것 같습니다.

- 어떤 때는 모두 환자라서 기도해 줄 사람이 없는 경우도 있더라고. 그러니 환자라도 다른 환자를 위해 기도하도록 나누어서 서로 위하여 기도하는 방향으로 해야 할 것 같지? 김 목사 생각이 좋은 것 같아. 환자 한 명당 기도해 주는 사람 세 명 이상은 되게 하는 게 좋을 것 같아.
- 이 치유기도는 매 주일 예배 때마다 해야겠지요?
- 매주 한번 이상은 기도해야지.
- 그러면 기존 대형교회에서는 어떻게 실시하면 좋을까요?

🌿 기존 교회에 적용

- 그것도 김 목사 생각을 말해 보게.
- 아니, 선배님 생각이나 경험을 따라 말씀해 주시지 저의 생각을 자꾸 말하라고 해요?
- 김 목사가 직접 현재 목회하고 있는 목회자가 아닌가? 목회현장에 있는 김 목사 생각이 가장 현실적 접근이 될 것이라는 내 생각이야. 그리고 김 목사 생각이 매우 분명하고 현실성이 있고…. 뭐가 문제인가?

- 우리 교회가 크지는 않지만 기존 대형교회 패턴이 된 것 같거든요? 우리 교회만 해도 당회도 있고 기존 문화, 기존 예배 패턴이 있어 당장 주일 아침 예배 시간에 치유기도를 하겠다면 '왜 갑자기 저러나' 하는 반응이 많을 것 같고 그로 인하여 예배 시간이 좀 늘어지면 말이 많아질 것 같거든요?
- 그럴 거야. 환자는 치유가 절실하지만 코이노니아 공동체 경험이 빈약한 신자들이야 자기들 예배 시간이 길어지는 것만 불평하는 사람들이 나오게 마련이겠지.
- 그래서 제 생각인데요, 기존 교회에서는 주일 아침 예배 때부터 시작하는 게 아니고 좀 작은 단위에서 시작하는 게 지혜로울 것 같아요.
- 어떻게?
- 수요 기도회에서나 금요 심야 기도회에서 치유기도를 시작하는 것이지요.
- 역시 김 목사, 현실적이고 지혜로운 생각이야. 그러다가 치유기도의 응답에 대한 간증들이 많이 나오고 코이노니아 공동체적 경험이 늘어나면서 공감대가 형성되면 가장 많이 모이는 대예배에서도 치유기도를 하게 할 수 있겠지.

- 그렇게 변화되는 기간은 얼마나 될까요?
- 그것을 어떻게 일률적으로 수치화하겠나? 각 교회마다 행하면서 담임목사가 감을 잡고 확신을 갖고 시행해야지.
- 그러면 이제 큰 교회에서는 환자도 많고 기도해 줄 성도도 많을 텐데, 어떻게 해야 하지요?
- 그것도 김 목사가 생각해서 제안해 보게.
- 숫자가 많으면 일일이 신청서 보고 자리 정하고 기도자 배치하는 등의 일도 시간이 많이 소요되고 분위기 어수선해지기 쉬울 것이거든요?
- 맞는 말이야.
- 그래서 신청서는 써내게 하되 신청서 써낸 환자들을 동시에 일으켜 세우고 그 주변 사람들이 일어나 환자에게 손을 얹게 하고 환자는 앉히고 기도자들은 서서 합심 기도하게 해야 할 것 같습니다.
- 역시 김 목사가 현실성 있고 아이디어가 좋아.
- 그러면 실제 기도하는 내용과 형식은 어떻게 하나요?

❦ 기도 내용과 시행 방식

- 환자 주위에 기도자들이 포진하고 사랑의 손을 어깨나 등에 얹게 하고 동성 간에는 손을 맞잡아도 좋지. 그리고 땀을 흘리든지 눈물을 흘리든지 하면서 부르짖어 통성으로 어느 정도 기도한 후 담임목사가 마무리 기도를 하는 것이지.
- 기도자들은 자기가 손을 얹은 환자의 이름과 병명을 올리며 그걸 고쳐 달라고 부르짖어 기도하고 담임목사의 마무리 기도는 전체적으로 할 수밖에 없겠군요?
- 큰 교회에서는 그렇게 되지만 개척교회에서 몇 안 될 때는 담임 목사의 마무리 기도 시에도 일일이 환자 이름과 병명을 언급하며 기도할 수도 있지. 그리고 담임목사의 마무리 기도는 고쳐 달라는 탄원 기도와 더불어 예수 이름으로 명령과 선포 기도도 할 수 있지. 하지만 중요한 것은 형식에 있는 게 아니라 진정성과 사랑에 있는 것이지. 일단은 부르짖고 기도하는 게 중요해.
- 그래도 어떤 지침을 줄 수 있지 않나요?
- 무엇보다도 사랑의 중보기도를 하는 거야. 사랑하는 마음으로

손을 얹고 아픔을 묵상해 보면서 공감하면서 울부짖는 것이지.
- 사랑의 중보기도라고요?

🌿 사랑의 간청 기도

- 그렇지, 지금까지 우리가 논의한 치유는 코이노니아 공동체적 접근이었고 그 핵심은 사랑의 중보기도야. 공동으로 형제 또는 자매에게 손을 얹고 사랑을 쏟아붓는 심정으로 형제의 고통을 느끼며 부르짖고 기도하는 것이지. 사랑의 간청 기도가 핵심이지.

> 눅 11:8 내가 너희에게 말하노니 비록 벗 됨으로 인하여서는 일어나서 주지 아니할지라도 그 간청함을 인하여 일어나 그 요구대로 주리라
>
> 요일 4:12 어느 때나 하나님을 본 사람이 없으되 만일 우리가 서로 사랑하면 하나님이 우리 안에 거하시고 그의 사랑이 우리 안에 온전히 이루어지느니라

🌿 명령과 선포 기도

- 그러나 동시에 치유기도는 믿음으로, 예수 이름으로 명령하고 선포하는 기도를 포함하지. 예수님께서 베드로의 장모가 열병을 앓을 때 열병을 꾸짖어 고치셨다는 기록이 있지?
- 네, 그래서 선배님이 처음 신유를 경험하실 때 어린아이의 열병을 고쳐 달라고 기도하다가 그 일이 생각나서 열병을 꾸짖고 떠나가라고 명령하셨다는 간증을 하셨습니다.
- 그래요. 많은 경우 예수님은 말씀으로 고치셨고. 그리고 예수께서 제자들을 전도 파송할 때 가서 복음을 전파하며 동시에 병든 자를 고치라고 하셨어요. 병든 자를 고쳐 달라고 기도하는 것만이 아니라 고치는 것이라고 하셨거든. 그래서 명령과 선포를 하는 것이지.
- 베드로는 성전 미문에 걷지 못하던 자에게 그냥 예수 이름으로 명령했지요? 바울 사도도 발을 쓰지 못하는 사람에게 "네 발로 일어서라" 명령했고요. 이것이 제자들이 예수님께 교육받은 대로 병을 고치는 모습일 것 같네요?
- 그래요, 우리는 질병과 병마가 떠나가라고 예수님 이름으로 명

령할 수 있고, 병에서 고침받으라고 예수 이름으로 선포할 수 있다고 믿어요. 성경도 확인하자고.

눅 4:38-39 예수께서 일어나 회당에서 나가사 시몬의 집에 들어가시니 시몬의 장모가 중한 열병을 앓고 있는지라 사람이 그를 위하여 예수께 구하니 예수께서 가까이 서서 열병을 꾸짖으신대 병이 떠나고 여자가 곧 일어나 그들에게 수종드니라

마 8:16 저물매 사람들이 귀신들린 자를 많이 데리고 예수께 오거늘 예수께서 말씀으로 귀신들을 쫓아내시고 병든 자를 다 고치시니

행 3:6 베드로가 이르되 은과 금은 내게 없거니와 내게 있는 이것을 네게 주노니 나사렛 예수 그리스도의 이름으로 일어나 걸으라 하고

행 14:8-10 루스드라에 발을 쓰지 못하는 한 사람이 있어 앉아 있는데 나면서 걷지 못하게 되어 걸어 본 적이 없는 자라

> 바울의 말하는 것을 듣거늘 바울이 주목하여 구원받을 만한 믿음이 그에게 있는 것을 보고 큰 소리로 이르되 네 발로 바로 일어서라 하니 그 사람이 일어나 걷는지라

- 그래서 대체로 코이노니아 공동체가 함께 통성으로 사랑의 강청기도를 하고 마무리하면서 리더가 명령과 선포를 하고 감사기도로 마무리하면 좋아요. 김 목사, 이제 김 목사 교회에서도 치유사역이 가능하겠지?
- 네, 코이노니아로 접근하니 확신이 드네요.
- 다시 한번 이 주제를 마무리하면서 강조할 것은 어떤 특별한 사람에게는 하나님께서 신유의 직임을 주셔서 전문적으로 치유사역을 하게 하기도 하시고 신유의 은사를 주셔서 치유사역을 보다 능력 있게 하시기도 하지만 우리가 신유의 은사가 있든 없든 더 중요한 것은 코이노니아 공동체로서 치유에 접근한다는 것이에요.
- 형제가 병든 것을 보면서 기도하지 않을 수 없고 함께 고통을 느끼지 않을 수 없는 것이니 치유를 위해 기도하라는 것이지요?

― 그래요. 한 몸 된 코이노니아로서 치유사역을 한다는 말이에요.

> 고전 12:26 만일 한 지체가 고통을 받으면 모든 지체가 함께 고통을 받고 한 지체가 영광을 얻으면 모든 지체가 함께 즐거워하느니라

소그룹에서의 적용

― 마지막으로 하나 더 적용할 것은 교회는 소그룹을 잘 지도하고 소그룹에서 모일 때마다 멤버 중 환자가 있으면 나을 때까지 함께 기도한다는 점이야.
― 그때는 함께 통성으로 부르짖어 기도하고 마무리 기도는 구역장 또는 목자가 하게 되겠네요?
― 그렇지. 내용과 형식은 똑같고 소그룹에서는 서로 잘 아는 경우라서 더 간절히 공감하면서 기도할 수 있거든.
― 선배님, 감사합니다. 저부터 우리 교회에서 치유를 위한 공동체적 기도를 실시하며 소그룹도 그렇게 하도록 지도하겠습

니다.
- 그리고 치유기도로 기도가 뜨거워지고 치유간증으로 에너지가 솟아나면 그 에너지를 전도 에너지로 사용하도록 기도하고 지도하게나.
- 네 선배님,
  기도가 살아나고
  치유가 일어나고
  전도의 에너지가 솟아나는
  부흥의 비전을 품고 갑니다.

치유를 위한 공동체적 기도

1판 1쇄 인쇄 _ 2025년 10월 15일
1판 1쇄 발행 _ 2025년 10월 25일

지은이 _ 이강천
펴낸이 _ 이형규
펴낸곳 _ 쿰란출판사

주소 _ 서울특별시 종로구 이화장길 6
편집부 _ 745-1007, 745-1301~2, 747-1212, 743-1300
영업부 _ 747-1004, FAX 745-8490
본사평생전화번호 _ 0502-756-1004
홈페이지 _ http://www.qumran.co.kr
E-mail _ qrbooks@daum.net / qrbooks@gmail.com
한글인터넷주소 _ 쿰란, 쿰란출판사
페이스북 _ www.facebook.com/qumranpeople
인스타그램 _ www.instagram.com/qrbooks
등록 _ 제1-670호(1988.2.27)
책임교열 _ 김영미·김준표

© 이강천 2025 ISBN 979-11-24013-17-5 93230

책값은 뒤표지에 있습니다.
이 출판물은 저작권법에 의해 보호를 받는 저작물이므로 무단 복제할 수 없습니다.
파본(破本)은 구입처에서 교환해 드립니다.